W0250982

Cesar Bresgen

Das große Blockflöten-Buch

Mit Illustrationen von Jürgen Pankarz

Voggenreiter-Verlag · 5300 Bonn-Bad Godesberg €20.50

398

3500232-1221

Für Fritz Jöde

Foto: Rudolf Schicht
Notengrafik: Werner Wilke
alle farbigen und sonstigen Illustrationen sowie Umschlag:
Jürgen Pankarz

ISBN: 3 8024 0090 9

Meine lieben Flötenbläser!

Habt keine Angst, das ist kein pädagogisches Lehrwerk. Es ist auch keine Blockflötenschule, deren es vorzügliche gibt. Was aber dann?
Es ist ein großes SPIELBUCH, in welchem ihr Melodien verschiedenster Völker und Zeiten vereint findet, gesetzt für den Einzelspieler und seinen jeweiligen Begleiter oder auch für Gruppen bis zu 4 Spielern. Wo eine Begleitung vorgesehen ist, wird diese vom Klavier oder von der Gitarre besorgt. Die meisten Sätze sind leicht ausführbar, bei einigen gibt es Nüsse zu knacken, doch wird die Nußknackerarbeit durch Fingersätze und andere Angaben erleichtert. Wer dabei zu früh verzagt, bringt sich um den Gewinn.
Alle Melodien sind auf Sopran- oder Altflöte spielbar, doch erhöht es den Reiz, wenn ihr auch andere Flöten einbezieht. Bei der Wahlmöglichkeit zwischen mehreren Instrumenten solltet ihr das **zuerst** angegebene den in Klammern angeführten vorziehen:

S = Sopranblockflöte (c'')
A = Altblockflöte (f')
T = Tenorblockflöte (c')

Nicht nur der Anfänger sollte sich immer wieder an folgende Hinweise erinnern: Noten mit Bindebogen sind auf der Blockflöte weich anzustoßen (Blockflötenlegato). Die letzte gebundene Note sei kurz gespielt. In der Regel sind Tonsprünge und Tonwiederholungen kurz und benachbarte Tonstufen breit zu spielen. Vorsicht vor zuviel vibrato! Dem Zungenstoß kann nicht genug Aufmerksamkeit gewidmet werden!

Empfehlen möchte ich den Einbezug von Stabspielen und kleinem Schlagzeug bei den dazu geeigneten Stücken. Ein derartiges Zusammenspiel will ausprobiert sein, daher habe ich auf ausführliche Angaben verzichtet. Zu einigen Weisen findet ihr auch die Liedtexte, damit ihr euch über den Charakter des betreffenden Liedes besser informieren könnt (oder – was niemandem zum Schaden gereicht – auch selber einmal mitsingt!).
Wer wissen will, welche Forderungen ich mir selbst gestellt habe, um dieses Buch zu gestalten, kann es gerne erfahren.
„Wähle aus den unendlich vielen Melodien der Völker und Zeiten jene aus, die

1. für die Blockflöte gut geeignet sind
2. für das betreffende Land oder den betreffenden Komponisten als typisch gelten können
3. setze die Stücke so, daß die Spieler über genügend Abwechslung verfügen, Freude am Spiel haben und (die Pädagogen werden mich verstehen) auch noch ein wenig dabei lernen."

Für die Beratung in Fragen der Artikulation und Intonation des Blockflötenparts muß ich Herrn Wolfgang Billeb (Klagenfurt) herzlich danken, ebenso Herrn Wolfgang Guttmann (Salzburg), der die Gitarrensätze kritisch durchgesehen und dort, wo es ihm ratsam erschien, praktische Fingersätze beigegeben hat. Ein Teil der Gitarrensätze läßt sich auch in der vereinfachten Form (Akkordbuchstaben) musizieren.

Cesar Bresgen, Neujahr 1980

Grifftabelle Sopran-Blockflöte

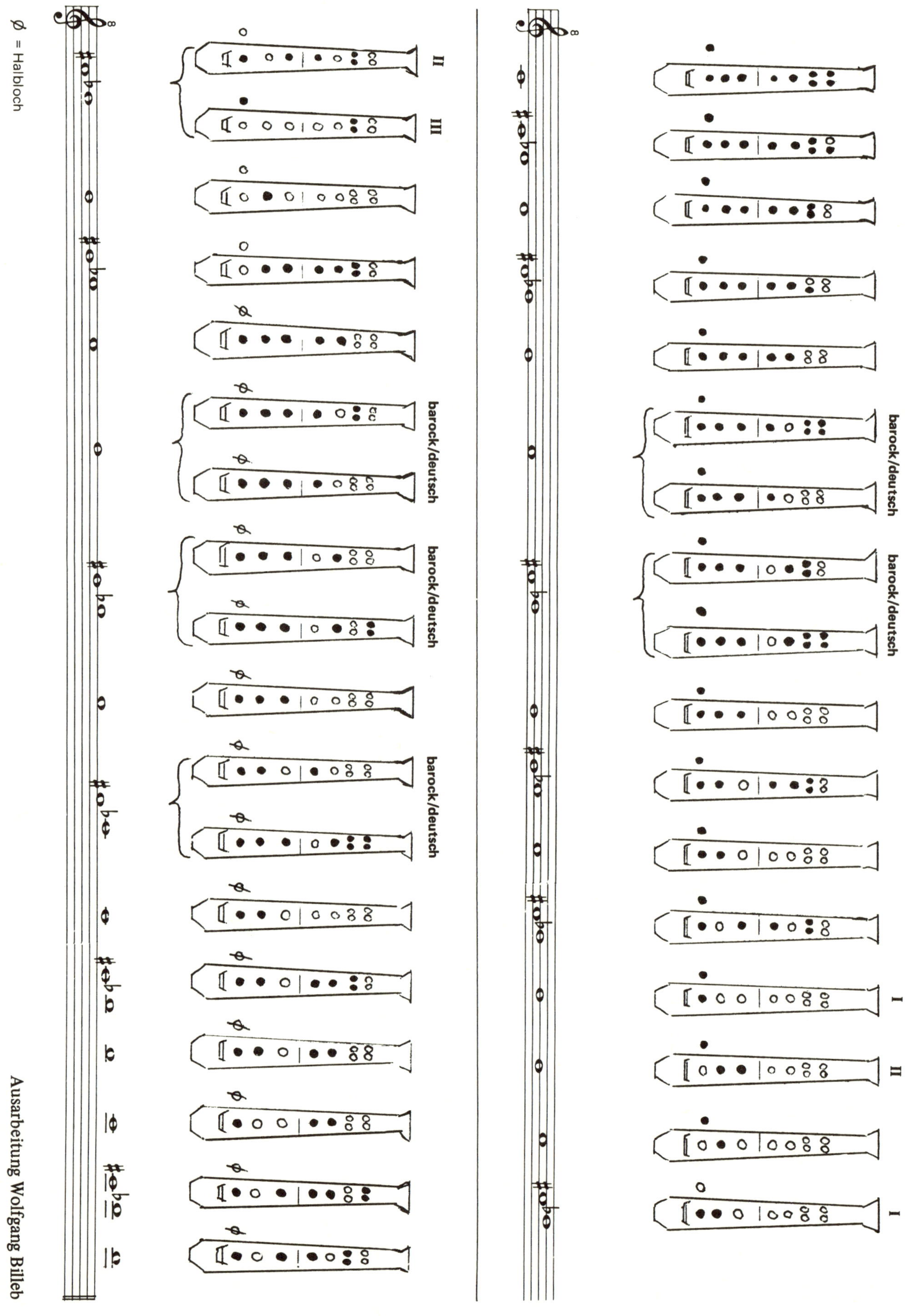

Grifftabelle Alt-Blockflöte

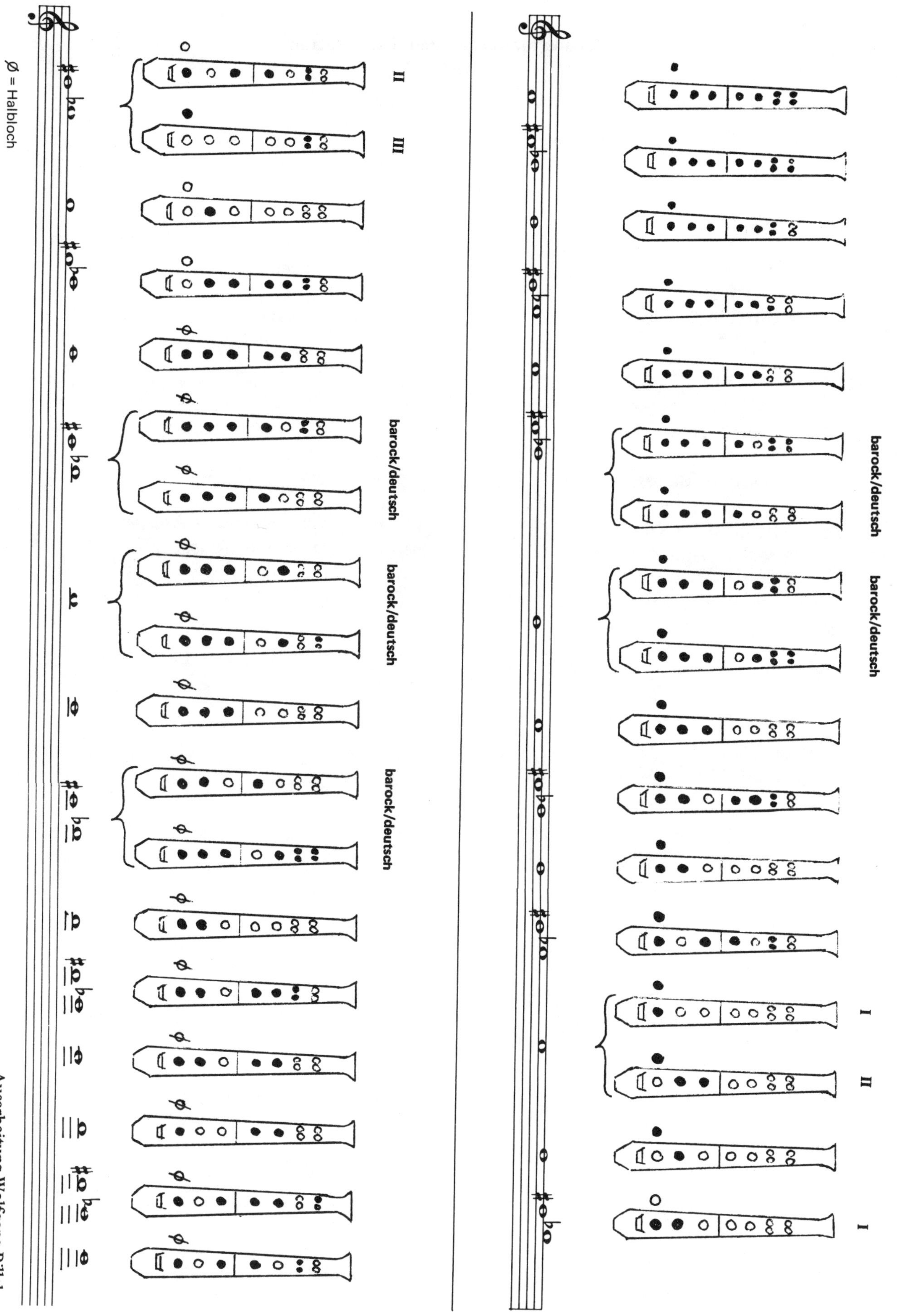

Ausarbeitung Wolfgang Billeb

Zeichenerklärung zu den Gitarresätzen
von
Wolfgang Guttmann

Rechte Hand

u = Daumen
' = Zeigefinger
'' = Mittelfinger
''' = Ringfinger

Linke Hand

1 = Zeigefinger
2 = Mittelfinger
3 = Ringfinger
4 = kleiner Finger

---

o = „leere" (unverkürzte) Saite

[= Quergriff (Barré)

Arabische Ziffer im Kreis
= Nummer der Saite, z. B. ⑤ = A-Saite

Punktierter Bindebogen = der bez. Finger der linken Hand bleibt liegen

Römische Ziffer = Lage

⌇ = Arpeggio

$\overline{III}$ bzw. $\overline{II}$, $\overline{I}$ = Apoyando = Anlegen des Anschlagfingers an die nächste Saite

1.

Alte Rufe und Grundmelodien

Flöte allein

Mit deiner Blockflöte kannst du Musik aus der ganzen Welt spielen. Die ältesten Melodien der Menschheit kennen wir zwar nicht, aber wir vermuten, daß sie ähnlich waren wie jene, die heute noch von manchen Eingeborenen gespielt oder gesungen werden, die von der modernen Zivilisation bisher nicht erreicht wurden. Oft sind es nur zwei oder drei Töne, mit denen aus verschiedenen Anlässen Musik gemacht wird.
Das ist die bekannte Melodie, zu der früher an Herbstabenden norddeutsche Kinder mit ihren bunten Papierlaternen umherzogen:

Laterne, Laterne

(Deutschland)

Laterne, Laterne,
Sonne, Mond und Sterne.
Brenne auf, mein Licht,
brenne auf, mein Licht,
aber nur meine liebe Laterne nicht!

Ein Regenlied aus Uruguay klingt ganz ähnlich:

Regenlied

(Uruguay)

Hier noch eine schöne Hirtenweise aus Schweden: (Schweden)

Hirtenweise

Wenn du auf deiner Blockflöte schon das ‚Überblasen' kennst, wird dir auch dieser ‚Juchezer' aus dem Berchtesgadener Land in Oberbayern gut gelingen.

Juchezer

(Oberbayern)

Ein ‚Juchezer' ist ein heller Ruf, den man früher auf den Almen unserer heimischen Berge öfters zu hören bekam. Es ist möglich, daß solche Rufe gesungene Erinnerungen an frühe Melodien, die man einst auf Blasinstrumenten gespielt hat, darstellen. Einen solchen Ruf hat der Komponist Johannes BRAHMS 1868 von einem Alphornbläser am Rigi bei Luzern in der Schweiz gehört; er hat ihn aufgeschrieben und ihn dann in seine 1. Sinfonie einbezogen.

Alphornruf

(Schweiz)

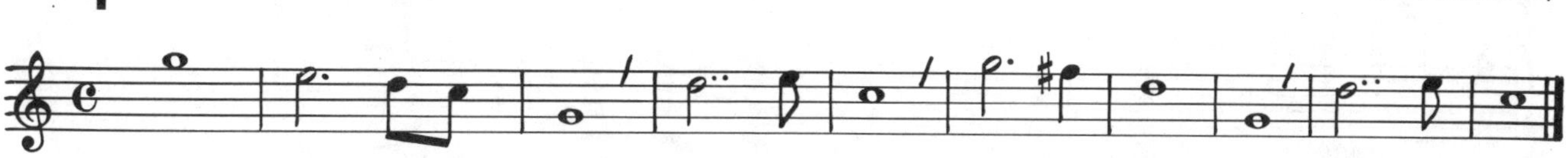

Auch in Lappland konnte man bis in die jüngste Zeit solche Rufe hören; es sind die „Joiken", die gesungen oder geblasen wurden, recht ähnlich den alpenländischen Rufen oder Jodlern.

Joiken I/II

(Rufe aus Lappland)

Flöte mit Gitarre

Aus Yucatan in Mexiko stammt diese religiöse Weise, welche einst schon die Maya-s zum Sonnenuntergang gesungen haben sollen. Spielt die Weise langsam und mit Ausdruck.

Xtoles

(Maya-Weise aus Mexiko)

Bei vielen Völkern ist es Brauch, bei der Arbeit zu singen. Solche Melodien sind zumeist ganz einfach. Auf den Philippinen singt man zur Reisernte eine Melodie mit nur 3 Tönen:

Chua-Ay

(Philippinen)

Súdu, Súdu, Vadai

(Lockruf aus Indien)

Flöte mit Klavier

Aus einem alten Musikbuch aus Aberdeen stammt dieses Lied von den Gow-mans (Studenten), dessen Melodie nur 4 Töne beansprucht.

The Gowans are gay

(England)

2.

Pentatonik

Flöte allein

Wie versprochen, will unser Spielbuch kein Lehrbuch sein; wenn trotzdem einige Fachausdrücke aufscheinen, so ist das gewiß nicht zu euerem Schaden. Daß PENTATONIK Fünf-Töne-Ordnung heißt, ist leicht zu behalten. Diese Tonordnung ist weltweit verbreitet und gehört zu den ältesten musikalischen Bausteinen. Es gibt zwar mehrere Arten von Pentatonik, z. B. in Indien, uns aber sind vor allem die einfachen, im Dur- und Moll-Bereich angesiedelten, vertraut. In Ostasien begegnet uns Pentatonik am reinsten. Achte beim Spiel dieser Melodien auf ein gutes „legato", d. h. auf gut verbundene Töne, was dem Stil solch biegsamer Weisen am besten entspricht.

Bis zum heutigen Tag wird in **China** vorwiegend pentatonisch musiziert; die folgende Melodie singt man in vielen Abwandlungen seit Jahrhunderten auf den Dschunken (Flußbooten). Ihr könnt sie mit Gitarre auf dem Grundklang G—D oder mit kleinem Schlagzeug (Handtrommel oder bloß mit Glockenspieltönen d—e—g) begleiten.

Alte Dschunkenweise

(China)

Die folgende Melodie wird zu einer Ballade gesungen, die aus dem alten China stammt. Sie handelt von einem Land, in welchem die Leute so arm waren, daß sie ihre Kinder verkaufen mußten. Das geschah mit Trommelbegleitung, so daß es zu diesem Titel kam.

Die Feng-Yang-Trommel

(China)

Etwas langsam

Dazu kann eine tiefe Trommel mit ein paar wenigen Schlägen improvisieren.

Flöte mit Gitarre

Arirang

(Korea)

Tanzweise der Yaqui-Indianer

(Mexiko)

Flöte und Klavier

Hirtenweise

(Bolivien)

Diese Frühlingsmelodie aus Hawaii könnt ihr gut mit Glockenspiel bzw. Metallophon begleiten; wenn die Begleitung das Klavier übernimmt, sollte diese recht zart und mit beiden niedergedrückten Pedalen erfolgen.

Koni Au I Ka Wai

(Hawaii)

Maienzeit

(Neidhart von Reuental, 13. Jhdt.)

Pentatonik hat es schon bei unseren deutschen Minnesängern gegeben. NEIDHART VON REUENTAL, der im 13. Jahrhundert vermutlich in Wien, im Donauraum und in Niederbayern lebte, wird eine Reihe köstlicher Tanzweisen zugeschrieben, die sich auf der Blockflöte gut spielen lassen. Zur Begleitung nehmt noch Handtrommel und anderes kleines Schlagzeug nach Belieben hinzu!

Hier der alte Text zum vorigen Lied:

Mayenzeit/one neidt
freuden geit/widerstreit
Sein widerkumen kan uns allen helffen.
Uff dem plan/one wan
sieht man stahn/wolgetan
Lichte präune plümlein bey den gelffen.
Durch das gras sind sie schon aufgedrungen/
Und der walt/manigvalt
ungetzalt/ist erschalt/
Das er ward mit/dem nie bas gesungen.

Vergleicht diese Melodie mit der Weise eines keltischen Liebesliedes von den Hebriden, jener Inselgruppe ganz im Norden von Großbritannien! Sie scheint aus der gleichen Grundsubstanz zu kommen, die freilich im Alpenraum längst ausgestorben ist, während sie sich in den entlegenen Gebieten des Nordens oder Westens noch erhalten hat.
Der schöne Text verlangt eine ruhig schwingende Spielweise.

Tha mi sgith

(Liebeslied von den Hebriden)

Übertragung
(H. C. Artmann) aus „Liebeslieder Europas",
Heimeran München 1978

ich bin müd/ganz allein
schneide farne/schneide farne
ich bin müd/ganz allein
schneide farne traurig

hinterm hügel/vor dem hügel
hinterm schönen hügel
hinterm hügel/vor dem hügel
alle tage mühsam
aber komm ich zu dir
drunt am wege/drunt am wege
dann bin ich nicht mehr müd
wenn mein herz bei ihm ist

Zu Anfang des 14. Jahrhunderts regierte auf Rügen (Ostsee) ein Fürst WIZLAW III., dem wir einige schöne Liebeslieder verdanken; auch hier finden wir noch die reine Pentatonik.

Nach der sehnenden Klage

(Wizlaw von Rügen; 14. Jhdt.)

Fließend, aber stets mit Ausdruck

Sätze für 3 Flöten

Auch alte schwedische und finnische Volksmelodien sind häufig pentatonisch; sie werden heute noch vereinzelt von Hirten, Moos- und Beerensammlern gesungen.

Singt und spielt das folgende Lied nicht zu rasch, sondern so, wie es der Text erwarten läßt! Gut klingt es auch, wenn ihr die Oberstimme mit einem Glockenspiel ergänzt.

Schwedische Beerenpflückerweise

Kling, klang, Glockenschlag,
steh auf und pflücke Beeren!
Der Tag ist lang, der Magen eng,
nichts hab ich zu verzehren.
Die Espe ließ mich laufen,
die Linde ließ mich ruhn,
die Birke mir den Besen gab,
was soll ich damit tun?

Text (Singbare Übertragung: Cesar Bresgen. Aus „Europ. Volks- und Kinderlieder", Schott-Mainz)

Finnischer Rundtanz

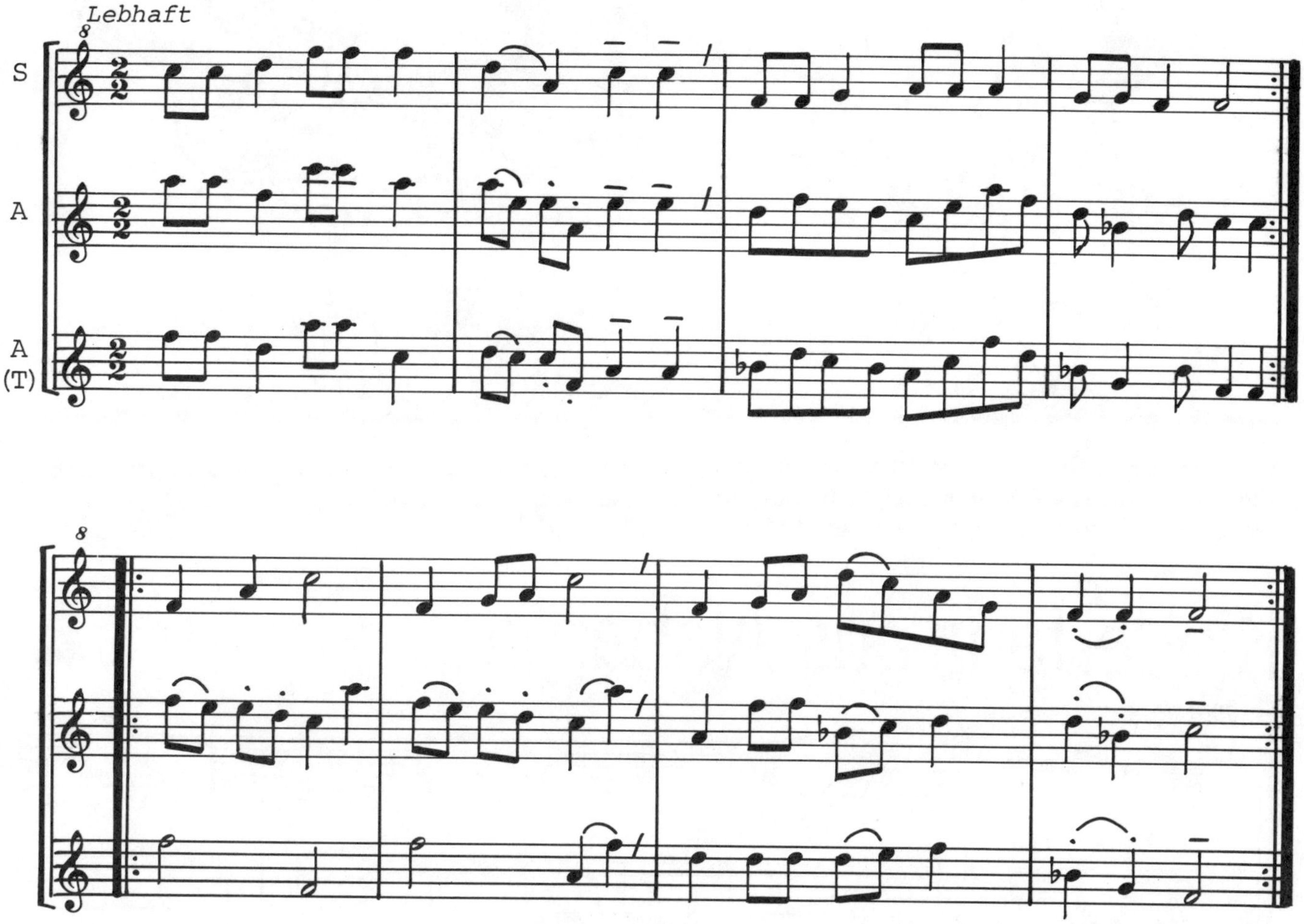

(auch mit kleinem Schlagzeug)

In Nordamerika sind pentatonische Melodien vor allem durch die Neger ins Land gebracht worden. Pentatonisch waren aber auch die meisten Melodien der Indianer, ebenso der Iren, Schotten und anderer Einwanderer.

Kindertanz aus Alabama

(USA)

So einfach die folgende mongolische Weise auch aus aussieht, so sehr verlangt sie doch nach einem ausdrucksvollen Spiel.

Mongolisches Abendlied

Die meisten Melodien der NEGRO SPIRITUALS, entstanden aus den Gesängen der einstigen Negersklaven, lassen sich auf alte afrikanische pentatonische Modelle zurückführen. Man darf nicht vergessen, daß diese Lieder zumeist in großen Gruppen vom Landvolk gesungen wurden, so daß eher ein langsames als zu rasches Tempo die Regel war. Auch hat sich eine ganz bestimmte Harmonik entwickelt, mit der diese Gesänge begleitet wurden. Bis auf das erste Stück, „I got a shoes", das von dieser historischen Harmonik abweicht, folgen die Sätze zu den weiteren SPIRITUALS dieses Buches dieser Tradition. Das gilt auch für die typischen Textformen.

I got a shoes

(Negro-Spiritual)

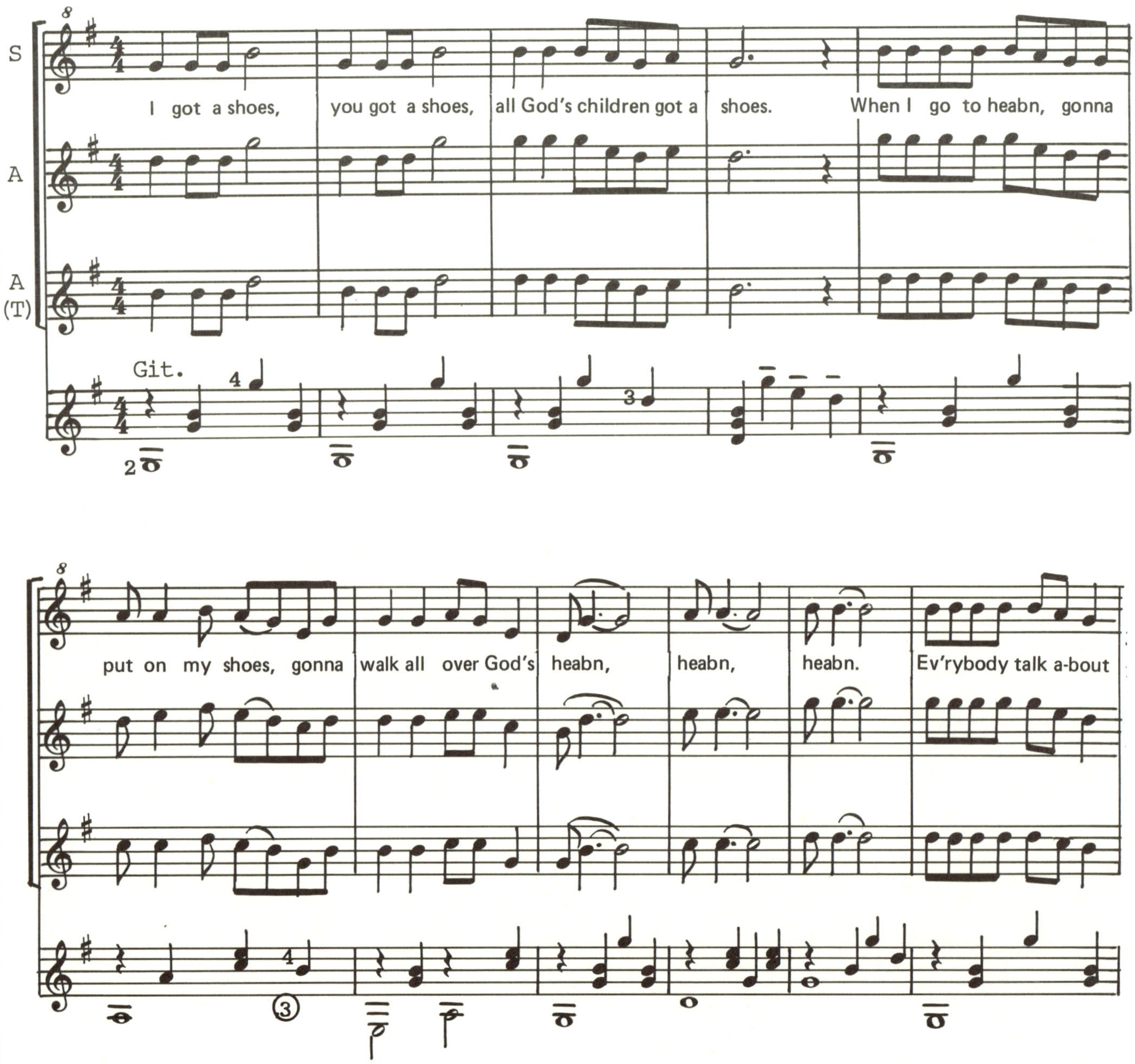

I got a shoes,
you got a shoes,
all God's children got a shoes.
When I go to heabn,
Gonna put on my shoes,
Gonna walk all over God's heabn,
heabn, heabn.
Ev'rybody talk about heabn
and going there! Heabn, heabn, —
Gonna walk all over God's heabn.

Swing low sweet chariot

(Negro Spiritual)

In dem folgenden nordamerikanischen, ursprünglich aus Schottland stammenden Lied findet ihr den typischen Synkopenrhythmus. SYNKOPE heißt eigentlich Verlagerung des Schwerpunktes. Diese Verlagerung soll aber nicht ruckweise, wie dies bei slawischen Melodien zumeist der Fall ist, sondern eher weich und gleitend erfolgen. Heute werden viele dieser Melodien durch sogenannte „Arrangements" oft bis zur Unkenntlichkeit verändert; einerseits geschieht das durch unangepaßte Begleitakkorde, andererseits durch verschleppten Rhythmus.

Comin' thru the rye

(Schottland/USA)

2. If a body meet a body
Comin' from the well
If a body kiss a body
Need a body tell?
Ev'ry lassie . . .

3. If a body meet a body
Comin' from the town,
If a body greet a body
Need a body from?
Ev'ry lassie . . .

4. In the train there is a swain
I dearly love mysel';
But what's his name or
where's his hame,
I do not care to tell.
Ev'ry lassie . . .

Nobody knows de trouble

(Negro Spiritual)

knows de trouble I've seen, Glo - ry Hal - le - lu - jah!

NEW

Zu einer richtigen Schlagermelodie wurde dieses alte anglo-amerikanische Lied aus der Zeit der frühen Einwanderung:

Camptown Races

(USA)

2. De long filly and de big black hoss, Doodah! . .
Dey fly de track and dey both cut cross, Oh! doodahday!
De blind hoss sticken in a big mud hole, Doodah!
Can't touch bottom wid a ten foot pole, Oh! doodahday!. Gwine to run . . .

3. Old muley cow come onto de track, Doodah!
De bobtail fling her ober his back, Oh! doodahday!
Den fly along like a railroad car, Doodah! doodah!
Runnin' a race wid a shootin' star, Oh! Doodahday!
Gwine to run . .

Aus der Fülle pentatonischer Melodien haben wir hier noch vier recht verschiedenartige Beispiele ausgewählt. Zunächst eine sehr bekannte Melodie des großen russischen Komponisten MODEST MUSSORGSKIJ. Dieser hat vor über hundert Jahren Klavierstücke unter dem Titel „Bilder einer Ausstellung“ komponiert; ihr könnt sie oft in einer Orchesterfassung von RAVEL und sogar als Pop-Arrangement hören. Die im Stück immer wieder auftauchende Kernmelodie wird zuerst einstimmig eingeführt:

Promenade

(Modest Mussorgskij; 1839–1881)

Zwei Stücke aus Indien, Ausschnitte aus den sogenannten „Ragas“, größeren gesungenen und gespielten Stücken, die nach bestimmten Gesetzen geformt werden, sollen das Kapitel „Pentatonik“ abschließen. In vergangenen Jahrhunderten dem Westen so gut wie unbekannt, kommt es heute zu immer häufigeren Begegnungen mit indischer Musik.

Spielt diese Weisen mit sehr sorgfältiger Artikulation, als ob ihr sprechen wolltet. Jede indische Raga-Melodie drückt Gedanken und Gefühle aus oder regt auch zur Bewegung an. Die hinzutretende Begleitung erfordert ein eigenes Studium, auf das wir hier nicht eingehen können. Es genügt, wenn wir die Melodie unbegleitet spielen.

Shuddra Mallar

(Indien)

Bilāval

(Indien)

Und hier noch ein ungarisches Kinderlied:

In dem Mehlsack pfeift die Maus

(Ungarn)

3.

Bordun

Es folgen ein paar Melodien, welche über einem „Bordun" erklingen. Man versteht darunter das Musizieren über einem ständig weiterklingenden Grundton, wie das vor allem in der Hirtenmusik früherer Zeiten der Brauch war. Zumeist spielte man solche Musik mit einem Dudelsack oder einer Drehleier. Doch könnt ihr ähnliche Klänge auch im Zusammenspiel von 2–3 Blockflöten erzielen.

Kleines Schlagzeug, auch Glockenspiele, geben diesen Sätzen noch einen besonderen Reiz. Wechselt nach Möglichkeit die Besetzung! So läßt sich z. B. das erste Stück („Französischer Tanz") entweder mit drei c''-Flöten oder 2 Flöten und Metallophon, Gitarre u. a. ausführen. Bei den nächsten Stücken werden zwei f'-Flöten und eine c''-Flöte benötigt.

Für 3 Flöten

Französischer Tanz

(Melodie in einem Tanzbuch um 1740 von Jean Leclerc)

Bovi, bovi

(Hirtenweise aus der Toskana, Italien)

Nicht selten wurden Melodien zu weltlichen und geistlichen Liedern von Spielleuten zu Tanzweisen umgeformt. Dabei kam es gerne zu sogenannten „Zwiefachen", d. h. zu Umformungen mit einem Wechsel von geradem und ungeradem Zeitmaß. (Weiteres darüber im Abschnitt „Tänze")

Bei meines Buhlen Haupte

(Deutsche Tanzweise aus dem 16. Jh.)

In den folgenden Stücken imitiert die 2. und 3. Flöte das Anblasen der Sackpfeife. Der Dudelsack ist ein früher in Europa weit verbreitetes Instrument, das seine Popularität bis heute in der schottischen Bagpipe-Musik erhalten hat. Während die böhmischen Dudelsackweisen in heiter-gemütlichem Dur erklingen, sind die anschließenden russischen Weisen in dem etwas fremdartigen DORISCHEN Moll gestimmt.

Böhmischer Dudelsack

(Dazu evt. auch Triangel und Tambourin im Rhythmus der 2. und 3. Stimme)

Fine
staccato
Fine
staccato
Fine
D.C.
bis Fine

Russische Tänze

Flöte und Klavier

In beiden Sätzen ist die Klavierbegleitung so angelegt, daß die linke Hand den Bordunbaß greift, während die rechte eine Gegenstimme zur Flöte spielt. Die erste Weise (Norwegen) folgt wiederum der dorischen Tonleiter, einer Mollskala, in welcher die 6. Stufe zumeist erhöht wird. Spielt das Stück langsam und mit Ausdruck, aber dennoch nicht schleppend! Auch das nachfolgende griechische Lied wirkt schwermütig; die Hirten, die solche Melodien auf ihren Flöten spielten, bliesen sie jedoch nicht immer so einfach und eintönig: sie brachten Verzierungen, sogenannte „Ornamente" an, vielleicht so:

Ausführung:

oder auch:

Ausführung:

Wiegenlied

(Norwegen)

S
(A)

Klavier

Lied aus Agrafa

(nordgriechisches Bergland)

Das Musizieren über einem Bordun ist auch in der Kunstmusik nicht unbekannt. „Musette" nannte man in Frankreich den kleinen Dudelsack. J. S. Bach hat in einem Klavierstück, das sich mit Blockflöte und einem Tasteninstrument (oder 2 weiteren Flöten) gut darstellen läßt, diesen Klang imitiert.

Musette

(Johann Sebastian Bach; 1685–1750)

4.

Lieder in Dur und Moll durch die ganze Welt

In allen Teilen der Welt spielt und singt man heute in Dur und Moll. Aber nur wir Europäer nennen diese Tonsysteme so, obgleich sie auch in der übrigen Welt in ähnlicher Form existieren, ohne „Dur" genannt zu werden. Andere Völker, etwa die Inder, haben für ihre Tonskalen andere Namen. Unser „normales" Dur entspricht z. B. der indischen Tonart „Bilaval". Nun gibt es aber noch ganz andere Tonskalen, die mit unserem Dur und Moll nicht übereinstimmen. Blättert ihr in diesem Buch, so findet ihr eine Menge solcher „fremder" Melodien. Freilich sind die meisten von ihnen heute alles andere als fremd, unser Ohr hat sich an die Musik anderer Völker gewöhnt, selbst die Pop-Musik bedient sich „fremder" Tonsysteme.

Flöte und Klavier

Ein kurzes Wort zum Zusammenspiel von Flöte und Klavier:
Da du als Flötenspieler im Gegensatz zum Klavierspieler für die Reinheit der Töne großenteils selbst verantwortlich bist (beim Klavier besorgt das der geübte Klavierstimmer), mußt du die Flöte zuerst sorgfältig einstimmen. Ganz wirst du mit der temperierten Stimmung des Klaviers nie zurechtkommen – („temperieren" heißt wörtlich ausgleichen, mäßigen; um in allen Tonarten musizieren zu können, hat sich seit dem Ende des 17. Jahrhunderts die „temperierte" Stimmung vor allem bei den Tasteninstrumenten allmählich durchgesetzt); trotzdem wirst du versuchen, dich beim Zusammenspiel etwas anzupassen, damit die Klangdifferenz nicht allzu groß wird. Durch eine geschickte Begleitung, bei der z. B. Einklänge möglichst vermieden werden, weicht der Tonsetzer solchen Gefahren aus. Im Zusammenspiel mit Gitarre oder gar im Ensemblespiel mehrerer Flöten fallen solche Überlegungen fort; dafür muß beim Zusammenspiel mehrerer Blockflöten auf eine überaus saubere Einstimmung (Intonation) geachtet werden, was leider häufig nicht geschieht.
Problemlos sind unsere ersten vier Stücke nach französischen Melodien. Die beiden ersten sind Kinderlieder, dann folgt das Lied von der listigen Schäferin (La bergère rusée), das wie viele alte französische Lieder in Moll steht. Dabei wechselt der siebente Ton der Tonleiter zwischen Halb- und Ganzton, die erhöhte 7. Stufe, in unserem Falle das gis, nennt man „Leitton", weil er zum Grundton der Tonleiter hin-leitet.
Eines der schönsten mittelalterlichen Mailieder, das in seiner Anmut schon an die Lieder der späteren „klassischen Zeit" erinnert, stammt von dem Trouvère Moniot d'Arras.

Sur le pont d'Avignon

(Frankreich)

Mon papa

(Frankreich)

Erfindet weitere Variationen!

La bergère rusée

(„Die schlaue Hirtin"/
aus den französischen Alpen)

Ce fut en mai

(„Es war im Mai" / Moniot d'Arras*; 13 Jhdt.)

* Moniot war ein Trouvère, ein Sänger aus dem französischen Norden, der um 1200 lebte.

Aus Portugal stammt das hübsche Lied, das von einer Tellerwäscherin handelt; spielt die Weise recht gut artikuliert, so daß man zu dieser Musik auch tanzen könnte!

Lied der Tellerwäscherin

(Portugal)

Spielt diese „Tellerwäscherin"-Melodie recht lustig und gut artikuliert, sodaß man dazu auch tanzen könnte!

Die nächsten vier Stücke machen euch mit russischen Melodien bekannt. Zuerst ein „Reiselied" (wörtlich „Ausfahrt") mit den typischen russischen Melodiewendungen, dann eine Zymbalweise; das Zymbal ist ein im ganzen Osten verbreitetes Saiteninstrument, das mit Schlägeln geschlagen wird. Ihr folgt das berühmte Schlaflied „Bajuschki baju". Zuletzt eine kleine Melodienfolge aus Nordrußland, gewidmet dem russischen Balalaika-Virtuosen Michail Ignatieff, dem ich die Kenntnis vieler russischer Melodien verdanke.

Ausfahrt

(Rußland)

Russische Zymbalweise

Bajuschki baju

(Rußland)

Schlaf, mein Kind,
ich wieg dich leise,
bajuschki baju,

singe die Kosakenweise,
bajuschki baju.

Hommage a Michail Ignatieff

(Cesar Bresgen)

Die beiden nachfolgenden Melodien gehören zu den schönsten Weisen des deutschen Mittelalters; allerdings stammt die Melodie zu dem berühmten Liebeslied „Kume, kum, geselle min" von Adam de la Halle, einem 1286 zu Neapel gestorbenen Trouvère, der das älteste Singspiel (Robin et Marion) verfaßt hat. Der Text aber findet sich in den „Carmina burana" (13. Jh.), einer im Kloster Benediktbeuren gefundenen Handschrift.

Kume, kum, geselle min

(Adam de la Halle; um 1237–1286)

Hier der Text in der alten Schreibung:

Kume, kum, geselle min,
Ich enbite harte din.
Ich enbite harte din,
Kume, kum, geselle min!

Süezer rosenvarwer munt,
kum und mache mich gesunt,
kum und mache mich gesunt,
Süezer rosenvarwer munt.

Das zweite Lied stammt aus einem um 1450 in Nürnberg angelegten Liederbuch, das durch seinen späteren Besitzer, den Patrizier Wolflein von Lochamer, den Namen „Lochamer Liederbuch" erhielt.

Ich fahr dahin

(Lochamer Liederbuch; um 1450)

Es besteht kein Zweifel darüber, daß die angelsächsischen Melodien (und dazu die ihnen oft eng verwandten schottischen, gälischen und irischen) uns durch ihre rhythmische und melodische Eigenart besonders ansprechen. Zu einem Hahnenkampf lädt diese englische Weise ein, die recht frisch gespielt werden sollte:

The cock-fight

(England)

Aus ähnlichem Geist kommt die aus den nordamerikanischen Freiheitskriegen (1861–1865) stammende Melodie zu dem Lied „Many Thousands gone".

Many Thousands gone

(Freiheitslied aus der Zeit von 1861–1865; USA)

Hier der Originaltext:

1. No more auction block for me,
   no more, no more,
   no more auction block for me:
   Many thousands gone.
2. No more peck o' corn, usw.
3. No more driver's lash, usw.
4. No more pint o' salt, usw.
5. No more hundred lash, usw.
6. Nore more mistress' call, usw.

Wer kennt es nicht, das Lied vom betrunkenen Seemann! Wieder einmal ein Lied im „Dorischen Ton", typisch zugleich für das zähe Fortleben alter Melodien im heutigen England. Die erste Strophe lautet:

What shall we do with the drunken sailor early in the morning? Hooray and up she rises early in the morning.

What shall we do with the drunken sailor

(England)

Ein Beispiel für die vielen, schön geschwungenen Melodien Irlands ist die Weise zu „The Salley Gardens"; spielt auch diese nicht zu rasch!

The Salley Gardens

(Irland)

Die Melodie zu Hans Baumanns Text vom Wind, der keine Zeit für Dich hat, ist für dieses Buch entstanden.

Der Wind

(Text: Hans Baumann;
Melodie: Cesar Bresgen)

Der Wind weiß nur das eine Wort:
„Vorbei, vorbei!“ – Schon ist er fort.

Der Wind hat keine Zeit für sich,
der Wind ist blind und kennt nur sich.

„Setz dich aufs Dach und ruh dich aus!“
so sagt der Wind zum hübschen Haus.

„Vorbei, vorbei!“ so sagt der Wind
und saust gleich doppelt so geschwind.

Die Brücke sagt: „Bin dein Versteck“.
Der Wind pfeift schon ums nächste Eck.

Der Wind ist taub, er hat kein Ohr,
sagt immer nur sich selber vor:

„Vorbei, vorbei,
vor - bei, vor - bei -“

Er sagt's noch oft, wird müd und klein
und schläft am Teich im Stadtpark ein.

aus: Hans Baumann, Der Kindermond

Die altberühmte Melodie zu „Greensleeves" wird schon von Shakespeare erwähnt, sie taucht in der „Beggar's Opera" auf.

Greensleeves

(England)

Von Luftschlössern handelt dieses schottische Lied, dessen typische Melodie einige der uns schon vertrauten Synkopen aufweist.

Castles in the air

(Schottland)

Im Baskenland gibt es ausgelassene, aber ebenso schwermütige Lieder; eines der letzteren, ein Abschiedslied, sollte hier nicht fehlen:

Baskisches Abschiedslied

(Baskenland)

Für die neuen Lieder Israels ist das bekannte Friedenslied „Hevenu schalom" bezeichnend.

Hevenu schalom

(„Wir haben Euch Frieden gebracht"; Israel)

Die Moorsoldaten

(Melodie: Rudi Goguel
Text: Johannes Esser/Wolfgang Langhoff)

Bella ciao

(Italien)

Und für mein Mädchen

(Melodie: Reinhard Mey)

Nun noch zwei Schlaflieder aus ganz verschiedenen Gegenden: Erst eines aus dem hohen Norden, das ganz still und verhalten gespielt werden muß, dann noch eines aus dem heißen südamerikanischen Guayana.

Schlaflied aus Island

Gute Nacht-Lied

(Guayana)

Musikanten sind in der Stadt

(Melodie: Reinhard Mey)

Grauer Regen fiel zur Nacht oder Abgesang

(Melodie: Reinhard Mey)

Du bist die Stille

(Melodie: Reinhard Mey)

Es folgen noch 3 Negro Spirituals im Satz für **Flöte und Klavier**. Im Gegensatz zu den vorher gebrachten Spirituals können die beiden ersten Lieder eher zügig gespielt werden; ,,Go down Moses'' dagegen verlangt einen ernsten, dem großartigen Text angepaßten Vortrag.

A great Campmeeting

(Negro Spiritual)

Joshua fit de battle ob Jericho (Negro Spiritual)

2. Den de lam' ram sheep horns begin to blow,
Trumpets begin to soun',
Joshua commanded de chill'n to shout,
An' de walls come tumblin' down.

3. You may talk about yo' king ob Gideon,
You may talk about yo' man ob Saul,
Dere's none like good ole Joshua
At de battle ob Jericho.

Go down Moses

(Negro Spiritual)

2. „Thus spoke the Lord'', bold Moses said,
Let my people go;
If not, I'll smite your firstborn dead,
Let my people go;
Go down etc.

3. No more shall they in bondage toil,
Let my people go;
Let them come out with Egypt's spoil,
Let my people go;
Go down etc.

Deutsche Lieder für 3–4 Flöten

Die Begeisterung für anglo-amerikanische Melodien bzw. Lieder der letzten 20 Jahre hat den deutschen Liederschatz arg in den Hintergrund gedrängt. Zwar hat man versucht, deutsche Volkslieder durch raffinierte Mittel, die sogenannten „Gags", aufzuputzen, aber es zog nicht so recht. Neuerdings singt man sie wieder, diese alten lieben Lieder und manches Neue dazu. In den nächsten 10 Stücken habt ihr einen kleinen Querschnitt, der durch die deutschsprachigen Landschaften führt. Beginnen wir mit dem bekannten plattdeutschen Liebeslied:

Dat du min Leevsten büst

(Schleswig-Holstein)

Mich brennts in meinen Reiseschuhn

(Text: Joseph v. Eichendorff; Melodie: Cesar Bresgen)

Mich brennts in meinen Reiseschuhn,
fort mit der Zeit zu schreiten;
was wollen wir agieren nun
vor soviel klugen Leuten?

Es hebt das Dach sich von dem Haus
und die Kulissen rühren
und strecken sich zum Himmel raus,
Strom, Wälder musizieren.

Da gehn die einen müde fort,
die andern nahn behende,
das alte Stück, man spielt's so fort
und kriegt es nie zu Ende.

Und keiner kennt den letzten Akt
von allen, die da spielen,
nur der da droben schlägt den Takt,
weiß, wo das hin will zielen.

All mein gedenken

(Lochamer Liederbuch; um 1450)

Es flog ein klein Waldvögelein

(16. Jahrhundert)

Eines der bekanntesten romantischen Lieder hat Johannes Brahms in den folgenden dreistimmigen Satz gebracht, der sich auch von Blockflöten darstellen läßt. Der alte Text in Nicolais „Feyner, kleyner Almanach" aus dem Jahre 1777 lautet:

Ich hab die Nacht geträumet wohl einen schweren Traum. / Es wuchs in meinem Garten ein Rosmarienbaum.

Ein Kirchhof war der Garten, ein Blumenbeet das Grab, / und von dem grünen Baume fiel Kron und Blüte ab.

Die Blätter tät ich sammeln in einen goldnen Krug / der fiel mir aus den Händen, daß er in Stücke schlug.

Draus sah ich Perlen rinnen und Tröpflein rosenrot: / Was mag der Traum bedeuten? Ach, Liebster, bist du tot?

Ich hab die Nacht geträumet

(Johannes Brahms; 1777–1856)

O du stille Zeit

(Text: Joseph v. Eichendorff;
Melodie: Cesar Bresgen)

O du stille Zeit,
kommst, eh wir's gedacht
über die Berge weit
über die Berge weit,
gute Nacht.

In der Einsamkeit
rauscht es nun so sacht
über die Berge weit
über die Berge weit,
gute Nacht.

Volksmusik aus Österreich

Schützenmarsch aus Hall in Tirol

Dazu kann auch eine kl. Trommel und Triangel improvisieren.

Jodler aus Salzburg

(Der „Trallala“)

Andachtsjodler

(Südtirol)

Der Ausseer Postillon

Du, du, dalkata Jagersbua

(„Du dummer Jägersbursch"; Kärntner Spottlied)

Menuett von G. Ph. Telemann (freie Bearbeitung durch Cesar Bresgen)

5 Deutsche Choräle und ein französisches Pastorale für 4 Blockflöten

St. Michaelslied

(„Unüberwindlich starker Held“)

Singet dem Herrn ein neues Lied

(Heinrich Schütz; 1585–1672)

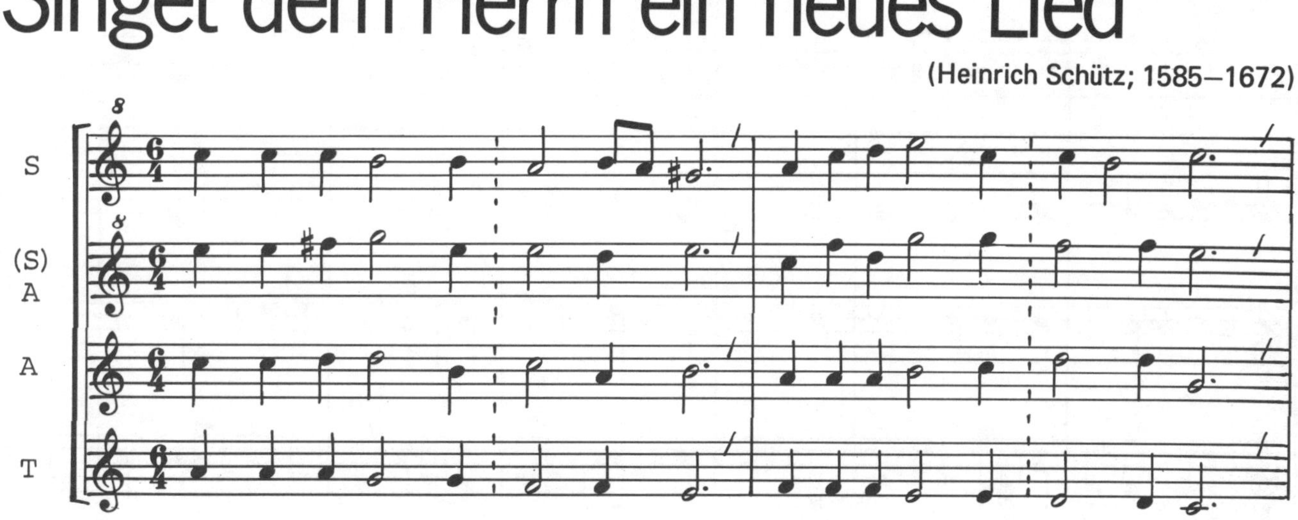

O Haupt voll Blut und Wunden

(Melodie: Hans Leo Haßler; 1601 /
freie Bearbeitung nach dem Satz von J. S. Bach)

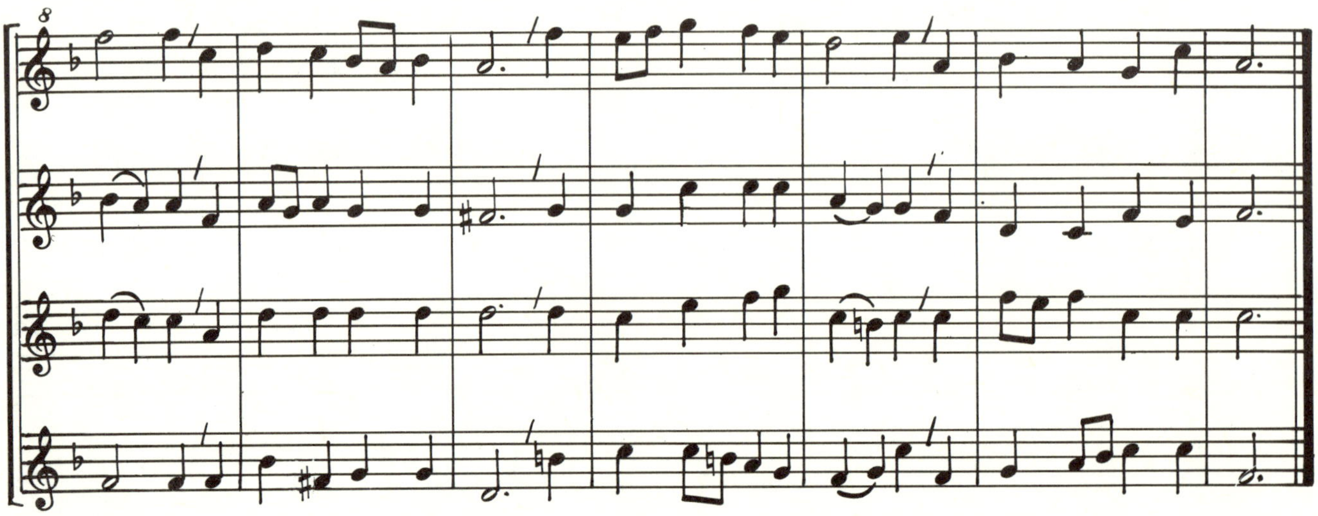

PANKARZ

Kommt und laßt uns Christum ehren

(Melodie: 14. Jhdt, bei Valentin Triller 1552)

Es ist ein Ros entsprungen

(Melodie: 15. Jhdt, Köln 1599)

Pastorale: Engel sangen Himmelslieder

(„Les anges dans nos campagnes";
franz. Weihnachtslied aus dem 16. Jhdt.)

5.

»Fremde Tonleitern«

Der Sprung zu den „fremden" Tonleitern ist längst getan. So haben wir im Lied vom trunkenen Seemann bereits „dorisch" geblasen und im Alphornruf (Nr. 5) gab es die sogenannte lydische Quart. Diese keineswegs fremden Tonleitern hat es im älteren deutschen Lied alle gegeben. Um diese Systeme besser kennen zu lernen, ist es nützlich, wenn ihr den jeweiligen „Tonvorrat" im voraus blast. Ähnlich hat das der große ungarische Komponist Béla Bartók (1881–1945) in seinem Studienwerk „Mikrokosmos" angelegt, indem er vor das zu spielende Stück jeweils die Tonskala angab. Von Bartók stammen auch die ersten 4 Melodien, die hier für eine Flöte allein eingerichtet erscheinen; sie sind der „Musik für Kinder" entnommen, die Bartók für Klavierschüler geschrieben hat.

(aeolisch)

Andante

(Béla Bartók; 1881–1945)

Hier wird ein orientalischer Einschlag spürbar; der Grundton ist a'.

Andante

(Béla Bartók; 1881–1945)

Ein rumänischer Typus, ebenfalls mit orientalischem Einschlag; Grundton ist g.

Andante

(Béla Bartók; 1881–1945)

Aufwärts und abwärts verschiedene Stufen; ähnliche Skalen kennt auch der Orient. Grundton g.

Lento

(Béla Bartók; 1881–1945)

Hier ein schönes tschechisches Gute-Nacht-Lied in „aeolischem" Tonraum:

Dobru noc

(„Gute Nacht"; Tschechoslowakei)

Hier nochmals ein Stück mit „aeolischer“ Skala, die im 2. Teil transponiert (versetzt) wird.

Isabel

(Katalanische Ballade)

Der "Tonvorrat":

D.C.al Fine

Für die südspanische Musik ist das folgende Lied typisch. Beachtet die wechselnden Vorzeichen! Obwohl die Melodie nur den Umfang einer Quint hat, ist sie doch innerhalb dieses Tonraumes reich gegliedert.

Canto de los trilladores

(Gesang der Drescher; Mallorca/Katalonien)

Beachte, daß zur folgenden rumänischen Melodie, die in „normalem" e-moll steht, die Begleitung mit dem Grundakkord (Tonika) bis zuletzt wartet. Der Satz folgt den Praktiken der rumänischen Volksmusik.

Rumänische Weise

Auch im folgenden Stück wird eine typische Volksmusikbegleitung praktiziert. Die Tanzmelodie folgt der mixolydischen Tonleiter, wobei auch noch die erhöhte (lydische) Quart (gis) vorkommt:

Moldau

(Tanzstück im rumänischen Stil) Cesar Bresgen

p
Fine
Fine
(p)

Griechische Klageweise

Himematsu

(Japan)

Bemerkung zur Gitarrebegleitung:

Die Fünftongruppe (Quintole) muß ganz ruhig, ohne Betonung irgendeines bestimmten Tones gespielt werden. Gezählt werden nicht Viertel, sondern nur Halbe, was für das Zusammenspiel wichtig ist.

Der Text zu dieser bekannten Melodie lautet:

Kleine Föhre, kleine Föhre,
breite dein grünes Kleid aus,
wenn es Frühling wird!

Noch seltsamer ist die Musik, die man heute noch hier und da auf der Insel Krk in Jugoslawien hören kann. Dort und in Istrien kennt man eine „Tonleiter", die aus miteinander verbundenen Folgen von jeweils drei Tönen besteht; jede dieser 3 Tongruppen hat die Folge: Ganzton-Halbton-Halbton:

Sopeleweise aus Istrien

(Jugoslawien)

Diese Melodien werden auf 2 oboen-artigen Blasinstrumenten, der großen und der kleinen Sopele gespielt, aber auch gesungen.

6.

Tanzweisen aus aller Welt

Aus der Fülle an Tanzmelodien haben wir je eine Gruppe für 1–2 Flöten mit Gitarrebegleitung, ferner eine mit Klavierbegleitung und zuletzt noch eine zum Zusammenspiel mehrerer Flöten ausgewählt. Die Melodien stammen aus verschiedenen Jahrhunderten, viele werden auch heute noch gespielt. Wir haben vor allem an Melodien gedacht, die sich für Blockflöten eignen; das muß gesagt werden, weil es Volksmelodien gibt, die man fast nur auf der Geige oder Klarinette spielen kann, andererseits wieder typische Gitarrestücke (z. B. in Spanien), die sich mit Blockflöten nicht gut darstellen lassen. Manche Melodien einstiger höfischer Tänze sind auch heute noch reizvoll, ein paar findet ihr in dieser Sammlung.
Hinsichtlich der Besetzung könnt ihr die beste Lösung selber wählen; daß Tenor- und Baßflöte auch mitwirken können, versteht sich von selbst. Auch kann statt der Gitarre ein anderes Begleitinstrument eingesetzt werden. Vorschlagen möchte ich euch noch, daß ihr die zumeist sehr kurzen Tanzstücke mehrmals spielt, wennmöglich sogar mit selbst erfundenen kleinen Veränderungen.
Zunächst eine Folge von Kindertänzen für 1–2 Flöten und Gitarre aus verschiedenen Erdteilen.

Sapo Cururu

(„Der Frosch Cururu"; Brasilien)

Kokoleoko

(Liberia)

Madam, Madam

(Nova Scotia/Kanada)

This old man

(England)

Andulko

(böhmischer Kindertanz)

Schwerttanz

(Süddeutschland)

Halaytanz

(türkischer Säbeltanz)

Unsere nächsten Stücke führen nach SÜDAMERIKA. Die dortigen Tänze bzw. deren Melodien kommen größtenteils aus der alten spanischen oder portugiesischen Heimat; mancher Tanz aber dürfte aus Afrika stammen, so z. B. die SAMBA, die aus dem Bantu-Tanz „batuque" entstanden sein soll. Unsere Melodie stammt aus der Zeit um 1870, als es in Südamerika allmählich zur Sklavenbefreiung kam. Zu dieser Tanzmelodie sangen die Neger: „Wein doch, wein doch, Arauna, laß dich von niemand schlagen . . ." Die Melodie darf nicht zu rasch gespielt werden.

Der Tanz FIRMEZA stammt aus Nordspanien; typisch ist der wechselnde 6/8 und 3/4Takt-Rhythmus, der uns schon im Orient begegnet ist. „Você Gosta de Mim" aus Brasilien ist eigentlich ein brasilianisches Liebeslied mit einem auch in Spanien und Portugal sehr beliebten Rhythmus, während der Tanz „Pèzinho" seine portugiesische Heimat nicht verleugnen kann. Zuletzt noch eine sehr populäre Melodie aus Argentinien. „Escondido die im ersten Teil wie ein oberbayerischer Ländler wirkt, im zweiten Teil mit seinem Synkopen aber doch eher argentinisch klingt.

Cho Arauna

(Samba-Lied aus Rio de Janeiro um 1870)

Firmeza

(Uruguay)

Você Gosta de Mim

(Brasilianischer Reigentanz)

Pèzinho

(Brasilien)

Escondido

(Argentinien)

Daß auch mongolische Tanzmelodien nicht ohne Reiz sind, sollen euch die beiden nächsten Stücke beweisen.

Mongolischer Tanz I

Mongolischer Tanz II

Bei dem folgenden Stück liegt die Melodie abwechselnd in den beiden Flöten. Spielt es rhythmisch sehr genau und gemessen, dabei ja nicht zu rasch!

Karelischer Holzfällertanz

(Finnland)

Aus der Fülle von Tanzweisen aus dem Südosten sei je ein rumänisches und ein griechisches Beispiel angeführt.

Rumänisches Tanzlied

(„Dragu-mii“)

Griechischer Tanz

Vertraute Musik bringen die nächsten Stücke. Da ist zuerst eine mäßig schnell zu spielende Schweizer Polka, gefolgt von einem polka-artigen „Contretanz", eine echte Volksmusik aus der Feder W. A. Mozarts; hier in einer Bearbeitung für 2 Blockflöten und Gitarre.

Schweizer Polka

Contretanz «La fenite»

(Wolfgang Amadeus Mozart; 1756–1791.
Einrichtung Cesar Bresgen)

Zuletzt noch ein paar Volkstanzweisen aus Altbayern (Bayerischer Wald); es sind sogenannte „Zwiefache", bei denen die Tänzer genau aufpassen müssen, um nicht „aus dem Takt" zu kommen. Das Tempo könnt ihr – nach Geschmack – selber bestimmen, zu empfehlen ist jedoch, es nicht zu sehr hinaufzutreiben. Die meisten Tänze haben bestimmte Namen, von denen wir einige mitteilen.

Zwiefache aus Altbayern

("Schöne Öchsala)
S
S
Git.
("Hanabuttn")
("Lercherl")

Für 3 Blockflöten und Gitarre

Die fünf folgenden kleinen Tänze zeichnen sich durch eine besondere Leichtigkeit aus, leicht im Sinne von unbeschwert. Spielt sie daher entsprechend unbelastet, d. h. ohne besondere Akzente! Die Melodie des 2. Tanzes erinnert an das deutsche Volkslied „Wenn die Bettelleute tanzen"; beim 4. Stück, einem böhmischen Tanz, werdet ihr an die berühmte Melodie Beethovens erinnert, welche dessen Neunte Sinfonie beschließt („Freude, schöner Götterfunken"), – ein schönes Beispiel dafür, wie sehr unsere großen Klassiker mit der Volksmusik ihrer Landschaft verbunden waren.

Poi ch'el mio foco

(Giovanni Giacomo Gastoldi; um 1550–1622)

Schwedentanz I

(Sörmland)

Schwedentanz II

Böhmischer Tanz

Pinzgauer Landler

(Österreich)

Tanzweisen für 1–2 Flöten und Klavier

In der ersten Gruppe findet ihr eine Auswahl von Tanzstücken alter Meister. Diese barocken Gesellschaftstänze tanzte der damalige Bürger ebenso gerne wie die Hofgesellschaft; einige unter ihnen kamen auch unter das Landvolk, wo damals eine Fülle neuer Volkstänze entstand, die man heute noch kennt. Es ist anzunehmen, daß man zu diesen kunstreicheren Melodien nicht mehr getanzt hat. Das soll aber nicht daran hindern, daß ihr diese Weisen so spielt, als ginge es um eine „echte" Tanzmusik. Das erste Stück, ein stilisierter Marsch, hat J. S. Bach für seinen ältesten Sohn Philipp Emanuel geschrieben.

Erster Marsch für Philipp Emanuel

(Johann Sebastian Bach; 1685–1750.
Freie Bearbeitung von Cesar Bresgen)

Täglich
Paris-S

Recht beliebt war auch die Gavotte, die ihren Namen von den „Gavots", den Leuten von der oberen Provence (Frankreich) herleitet. Die beiden Viertel des Auftaktes müssen unbeschwert kommen, auch darf das erste Viertel des Taktes kaum betont werden. Georg Philipp Telemann, von dem einige dieser Stücke stammen, war ein ausgezeichneter Kenner der Tanzmusik; abgesehen davon war er zeitweilig J. S. Bach an Berühmtheit überlegen.

Gavotte

(Georg Philipp Telemann; 1681–1767)

8

Berühmt wurde die folgende SARABANDE aus der Oper „Rinaldo" von Georg Friedrich Händel. Die Sarabande war ursprünglich ein lebhafter spanischer Tanz, vielleicht maurischer Herkunft. Denkt beim Spiel dieser Händel'schen Sarabande daran, daß es sich hier um eine italienisch gesungene Arie handelt („Lascia ch'io pianga").

Sarabande

(Georg Friedrich Händel; 1685–1759)

Das Menuett war ein besonders beliebter, in ganz Europa verbreiteter Tanz, typisch für die Zeit des „Rokoko". In Österreich wird das Menuett bald zum ‚Landler' (oder „Ländler"). Dieses Menuett, das eigentlich von Telemann stammt, schrieb Leopold Mozart, der Vater des Wolfgang Amadeus dem 6-jährigen in's „Notenbuch" zu dessen Namenstag. Wie einfach wirkt dagegen die Komposition, die der 8-jährige Wolfgang niederschrieb. So einfach dieses Menuett auch scheint, so fein und kunstreich ist es dennoch angelegt!

Menuet di Melante

(Leopold Mozart; 1719--1787)

Menuett des 8jährigen W. A. Mozart

(Originaltonart As-Dur, dann mit Altflöte)

(aus KV 15, Einrichtung Cesar Bresgen)

S

Klavier

Leopold Mozart kam aus Schwaben (Augsburg) nach Salzburg; in seinem Notenbuch für Wolfgang mußte natürlich auch ein „Schwabentanz" vorkommen. Dort steht auch diese Bourrée, ein ursprünglich ausgelassener Tanz, der hier schon recht biedermeierlich gezähmt erscheint (was jedoch keinesfalls zu langweiligem Vortrag verpflichtet!)

Schwabentanz

(Leopold Mozart; 1719–1787.
Einrichtung Cesar Bresgen)

Fröhlich

A

Klavier

Bourrée

(Leopold Mozart; 1719–1787.
Einrichtung Cesar Bresgen)

Eine Folge von Tanzsätzen, wie sie hier geboten wird, wurde einst SUITE genannt. Man hat solche Suiten fast immer mit einer Gigue beschlossen. Die Gigue ist ein englischer Tanz, ursprünglich Gig oder Gigge genannt, bei dem man einst mit Hacken gestampft hat, wobei die Fußspitzen nach links und rechts tappten, wie es in den Beschreibungen heißt.

Gigue

(Georg Philipp Telemann; 1681–1767.
Einrichtung Cesar Bresgen)

Die jetzt folgenden Tanzstücke wollen einen Begriff geben von der Fülle an Melodien, die uns die fast durchweg anonym gebliebenen Volksmusikanten überliefert haben. Manche dieser Melodien, oft nur einzelne Motive, sind auch in die Kunstmusik der Völker eingegangen. Wenn wir nun auf detaillierte Beschreibungen der Stücke verzichten, so gilt doch das bereits Gesagte: Spielt jedes der Stücke so, als hättet ihr es mit Tänzern zu tun: Bewegungsvorstellung, auch vorgestellte Gestik bewirken ein besser artikuliertes, überzeugenderes Spiel.

Altenglische Tanzweise

A new Scotch Tune

(Henry Purcell; 1659–1695.
Bearbeitung nach dem Originalsatz
für Harpsichord von Cesar Bresgen)

A new Irish Tune

(Henry Purcell; 1659–1695. Bearbeitung nach dem
Originalsatz von Cesar Bresgen)

Holländer Schiffertanz

Etwas behäbig

Das Tor von Putim

(tschechischer Walzer)

Ecossaise

(Franz Schubert; 1808–1878. Schneller Tanz schottischen Ursprungs. Bearbeitung von Cesar Bresgen)

Anne Marieke

(Holland)

Perdika

(Tanz aus Korfu, Griechenland)

Zum Spiel dieses ukrainischen und anderer russischen Tänze bedarf es noch eines Hinweises: man beginnt gerne in mäßigem Tempo und steigert dieses dann bis zum Schluß. Spielt man das Stück mehrmals — in der Regel wird das der Fall sein — so läßt sich die eigentliche Temposteigerung auch erst bei den Wiederholungen anbringen.

Ukrainischer Tanz

Tanz aus Armenien

Volkstanz aus Israel

zweimal

Zwiefache aus dem Böhmerwald

7.

Asymmetrische Rhythmen

Wir haben bisher viele Melodien kennengelernt und einiges über deren Charakter und Herkunft erfahren. Nicht weniger wichtig aber ist es, auch etwas über den Rhythmus zu wissen. „Im Anfang war der Rhythmus" sagt ein alter Spruch. In den nachfolgenden Stücken soll euch der Unterschied zwischen freiem, d. h. schwebenden, noch nicht durch Taktstriche bzw. Takte eingeengtem Rhythmus und dem durch Taktstriche hinsichtlich ihrer Betonung genau festgelegten Ablauf bewußt werden. In den beiden folgenden Stücken gibt es keine Taktstriche. Zwar sind alle vorkommenden Töne rhythmisch genau festgelegt, auch werden einzelne etwas betont, aber eine Zusammenfassung in Takte erfolgt noch nicht. Die Melodien des Gregorianischen Chorals werden in dieser Weise vorgetragen. Will man dazu zählen, so könnte man immer nur die kleinste Einheit, das ist hier die Achtelnote, als Zählwert wählen.
Spielt die Melodien fließend und zugleich etwas „sprechend"; aus dem rhythmischen Sprechen sind ja auch die meisten von ihnen hervorgegangen. Unter „sprechend" verstehen wir eine deutliche Artikulation.
Die erste Melodie, Lucis Creator optime („O du höchster Schöpfer des Lichtes") dürfte aus dem 13. Jh. stammen, während die zweite, Kyrie Clemens Rector („Herr, du gnädiger Lenker") noch weiter zurückreicht.

Lucis Creator optime

S
(S/A)

Kyrie Clemens Rector

A

Die folgende Sanctus-Melodie kommt nicht aus dem Gregorianischen Choral, aber steht diesem doch nahe. Sie findet sich im Tessiner Gesangbuch und wird frei von Taktzwängen gesungen. Spielt sie, als ob ihr sprechen würdet, ohne Hast und mit Ausdruck.

Santo, Santo

(Tessin)

In den nächsten Stücken findet ihr den asymmetrischen Ablauf (5/8) schon in feste Takte eingebettet. In zahlreichen Liedern und Tänzen Südosteuropas, im Orient, aber auch in Spanien, besonders im Baskenland und in Andalusien, sind diese rhythmischen Ordnungen so heimisch wie unsere 3/4- und 2/4-Takt-formen.
Wir sind daran gewöhnt, die Achtelwerte auszuzählen; nach kurzer Eingewöhnung aber kommen auch wir darauf, daß es besser ist, auf das Zählen zu verzichten und statt dessen den ganzen Takt als Bewegung zu erleben, bzw. dessen Teilung in zwei Abschnitte zu vollziehen. Beachtet, daß im andalusischen Beispiel die Teilung 3:2 (also ♩. ♩) vorliegt, während es sich im bulgarischen Marienlied umgekehrt verhält (also ♩ ♩.).

Andalusisches Wiegenlied

(Duermete niño mio)

Lied an die Gottesmutter

(Bulgarien)

Ruhig

Singen und Musizieren der Orientalen wurzelt ganz in diesen asymmetrischen Rhythmen, die zweifellos seit dem Altertum in Gebrauch sind. Schon einer der wichtigsten Gesänge der islamischen Bruderschaften, der DHIKR-Gesang (ein arabisches Wort aus dem Koran), wird im 5/8-Rhythmus gesungen. Dieser Rhythmus heißt „Mjarrad" und bleibt konstant; er kann natürlich variiert werden. Man singt zu dieser Melodie eine Art von Stoßgebet, etwa „Freund, Freunde, Allah, tadel mich nicht, oder „gib mir keine Schuld!") Dieser Spruch wird sehr oft wiederholt und immer spontan angestimmt. Beachtet, daß hier das innere Taktschema wechselt, also von 2:3 zu 3:2; allerdings muß man sich davor hüten, hier die dem Europäer so geläufigen Betonungen (wie es beim ungarischen oder tschechischen Vortrag am Platz wäre) anzuwenden. Der Vortrag muß sprechend, dabei fließend und eher tanzend sein, nie durch Schwerpunkte belastet.

Dhikr

(Tunis)

Mäßig

Im Gegensatz zu diesem fließenden 5/8-Rhythmus sind bei slawischen 5/4-Takt-Weisen die Betonungen wichtig:

Slowenische Hirtenweise

Von besonderem Reiz sind die griechischen Rhythmen. Viele von ihnen sind asymmetrisch. Am besten, ihr klatscht oder klopft erst die Grundschläge. Es sind drei, wobei der erste um ein Achtelwert länger dauert als die zwei folgenden. Es ist daher schwierig, emsig in jedem Takt bis sieben zu zählen, besonders bei Steigerung des Tempos. Zählt bis drei, oder – noch besser, laßt das Zählen nach kurzer Zeit ganz beiseite. Keinem Griechen würde es einfallen, zu seinen Tanzmelodien zu zählen. Er bewegt sich vorwiegend im Rhythmus der Grundschläge.

Die Melodik dieser Tanzweise zeigt im zweiten Teil türkische Züge, d. h. übermäßige Tonschritte. Zur Begleitung genügt auch das Mitklatschen des Partners oder weiches Schlagen auf einer Handtrommel.

Charalambis

(Griechenland)

Hier noch die beliebte griechische Melodie des Liedes vom Perlenfischer:

Kleiner Fischer

(„Xekina mja psaropula"; Griechenland)

In unseren nächsten Stücken gibt es einen mehrfachen Taktwechsel, der nicht immer regelmäßig ist. Ursache für solche Taktwechsel können die Tanzbewegungen sein, oft aber auch die Laune der Musikanten. In der Kunstmusik unserers Jahrhunderts sind Taktwechsel überall anzutreffen.

Katalanische Tanzweise

Sakola Nyango

(Kongo)

Marika

(Mazedonien)

Langsam,mit Ausdruck

Im folgenden Stück liegt eine ständige Verbindung von 5/8 + 9/8 vor. Solche und ähnliche Verbindungen finden sich in mittelalterlicher Musik nicht selten, doch haben sie sich in der Kunstmusik Europas vor Beginn des 20. Jh. nicht weiter entwickelt.

Tinodi Sebestyén

(Ungarn; 1550)

Weit entfernt von allen europäischen Rhythmusordnungen scheint dieser Tanzrhythmus aus Aserbeidschan, einer Provinz Persiens zu sein. Versucht, euch durch eine sehr federnd gespielte Klavierbegleitung in den schwingenden Charakter der Melodie einzuleben; das Klavier kann freilich auch durch kleines Schlagzeug ersetzt werden. Um diesem Stück den rechten Schwung zu geben, bedarf es einiger rhythmischer Fertigkeit.

Tanz aus Aserbeidschan

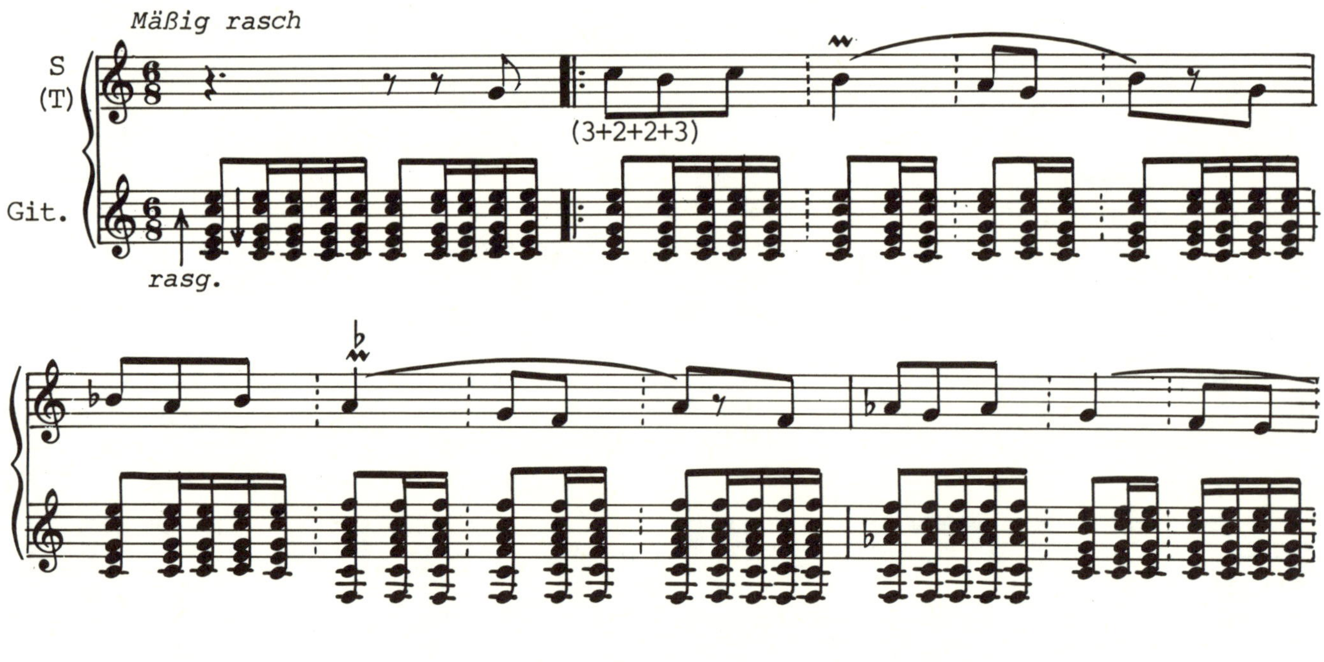

(3+2+2+3)
1
2

Die hier folgende indische Melodie, die sich auf der Blockflöte ausgezeichnet wiedergeben läßt, soll zeigen, daß asymmetrische Melodien auch im Rahmen des 4/4-Taktes erscheinen können. Beachtet, wie sich das typische Anfangsmotiv der aufsteigenden Septime immer wieder in seiner Stellung im Takt verschiebt; eigentlich bedarf es auch hier keines Taktstrichs; er bedeutet aber doch eine gewisse Hilfe für den Spieler. Eine improvisierte Begleitung mit Handtrommeln ist durchaus möglich.

Suhā

(aus einem indischen Rāgā)

8.

Polyphones

Die meisten Stücke dieser Sammlung hatten mit eigentlicher Polyphonie nur wenig zu tun. Was aber heißt „eigentliche" Polyphonie? Man versteht darunter die selbständige Führung der Stimmen, was sich melodisch wie rhythmisch äußern kann. Ein besonderer Fall aber ist der KANON; hier spielen oder singen zwar alle Stimmen das gleiche, jedoch zu anderen Zeiten. Anders ausgedrückt: dieselbe Melodie wird von mehreren Stimmen in einem bestimmten Zeitabstand wiederholt. England gilt als Heimat des Kanonsingens; der Sommerkanon („Sumer is icomen in") aus dem 13. Jh. ist ein berühmtes Beispiel. Wir beginnen daher mit 2 leicht spielbaren englischen Kanons. Ihr könnt diese Stücke mit gleichen Instrumenten (in „enger Lage") oder aber im Oktavabstand, z. B. Sopranflöte = Tenorflöte, spielen und selbstverständlich auch singen.

Kanons und anderes für 2–3 Spieler

Hey, ho, nobody at home

(Kanon zu 3–4 Stimmen; altenglisch; 1609)

Three blind mice

(Kanon zu 3 Stimmen; altenglisch; 1609)

Beim folgenden Kanon spielt die 1. Flöte die vier ersten Takte allein, dann setzt die 2. Flöte mit derselben Weise ein, dann die 3. Flöte, wodurch faktisch ein „unendlicher" Kanon entsteht. Man kann diesen Kanon übrigens auch „krebsgängig" spielen, ein Vorgang, von welchem im nächsten Stück nochmals die Rede sein wird. Unser Stück klingt dann so, wie es B zeigt.

Morgenkanon

(Aus einer englischen Sammlung von 1686)

Das berühmte Stück „Gebot der Kunst", zu dem Joseph HAYDN den singbaren Text „Du sollst dich ganz der Kunst weihen" beigab, kann man auf vierfache Weise spielen, die hier genau wiedergegeben ist: *A* bringt die Grundgestalt, *B* den krebsgängigen, d. h. rückläufig gelesenen Ablauf. *C* bringt *A* in der Spiegelschrift (Ihr könnt es kontrollieren, indem Ihr das Blatt umdreht), *D* bringt *C* in der Spiegelschrift und dabei noch krebsgängig. Zur Erholung könnt ihr dann *A* und *B* nochmals „normal" spielen oder singen.

Unsere Klassiker haben an der Erfindung von Kanons viel Spaß gehabt. Wir empfehlen euch, manche dieser köstlichen Kanons auch mit Blockflöten zu musizieren. Ein paar Kostproben bringen die nächsten Stücke.

Gebot der Kunst

(Joseph Haydn; 1732–1806)

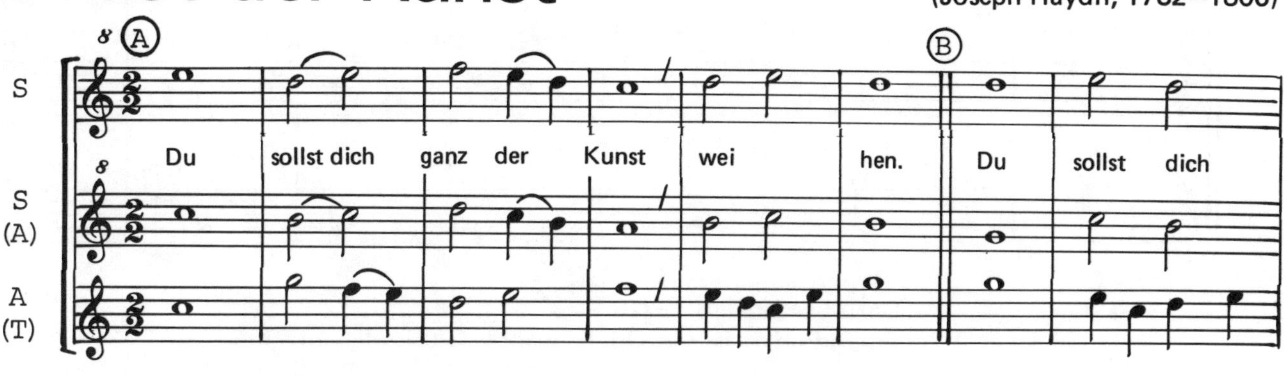

Freundschaft

(Kanon zu 3 Stimmen;
Ludwig van Beethoven; 1770–1827)

Dazu Beethovens Text:
Freundschaft ist die Quelle wahrer Glückseligkeit.

Der Schnee zerrinnt

(Franz Schubert; 1797–1828)

Ruhig schwingend

Der Schnee zerrinnt,
der Mai beginnt
und Vogelschall
tönt überall.
Wer weiß, wie bald
die Glocke schallt!

Drum werdet froh,
Gott will es so;
genießt die Zeit,
die Gott verleiht.
(Hölty)

Tanzkanon

(Luigi Cherubini; 1760–1842)

Im ruhigen Walzerschritt

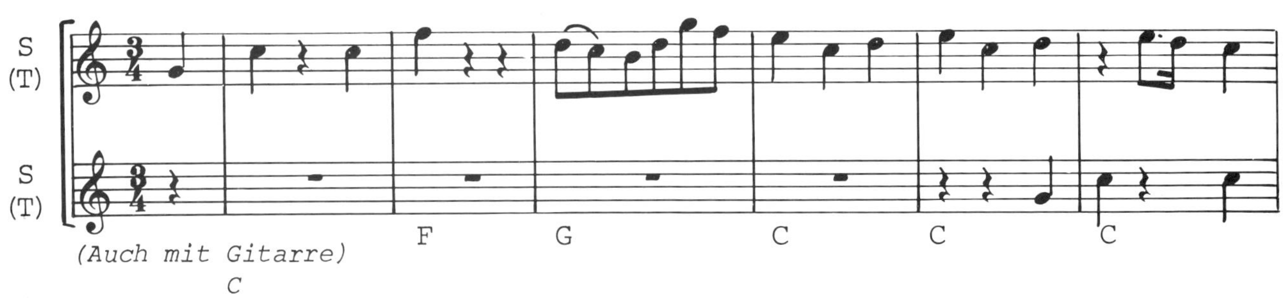

S
(T)
S
(T)
S
(T)
F
G
C
(u.s.f.)

Daß auch in der Volksmusik gerne einmal ein Kanon musiziert oder gesungen wird, sollen euch die nächsten Beispiele zeigen. Zunächst ein sehr origineller spanischer Tanzkanon, den ihr mit 3 Flöten, Gitarre und vielleicht noch Glockenspiel musizieren könnt. Das Glockenspiel kann beim Zeichen Gl einsetzen und diesen Abschnitt bei etwaigen Wiederholungen jeweils mitspielen.

Campana

(Kanon zu 3 Stimmen; Spanien)

Gl.
S
A
A
(T)
Git.
tr

In der alpenländischen Volksmusik ist der Kanon als eine besondere Art des Jodlers bekannt. Man nennt das den ,,Nacheinand'', also das Nacheinandersingen der gleichen Melodie.

Ein »Nacheinand«

(Kanon zu 2 Stimmen; Salzkammergut)

Langsam bis mäßig schnell

Ein anderer »Nacheinand«

(Salzburger Land und Steiermark)

Bewegt

Auch 1-2 Töne höher!(A/A)

Nicht immer muß die 2. oder 3. Stimme die Melodie der 1. Stimme genau wiederholen; so gibt es viele Jodler (die sich übrigens fast durchwegs ausgezeichnet für die Wiedergabe durch Blockflöten eignen), bei denen die Folgestimmen die Melodie der 1. Stimme nur mehr oder weniger frei nachahmen. Manchmal aber spielt die 2. oder 3. Stimme eine ganz andere, oft auch gegensätzliche Melodie; in der Fachsprache würde das heißen, sie spielt einen „Kontrapunkt". In den nächsten Stücken, z. B. im „Jodler aus Tirol" ist das der Fall.

Jodler aus Lofer

(Salzburg)

Kann jeweils um einen Ton höher, 2-3mal wiederholt werden

Jodler aus Tirol

(Djo-la he-di-ri-ja)

Mäßig, eher ruhig

Jodler aus der Steiermark

(„Der Eichberger“)

Mäßig, eher ruhig

Drei grundverschiedene polyphone Stücke möchten den Appetit anregen zum Spiel weiterer ähnlicher Musik, die in zahlreichen Ausgaben vorliegt. Zuerst eine Weihnachtsweise aus dem 14. Jh., die hier in freier Polyphonie gesetzt ist; ihr folgt ein Stück von Telemann in freier Imitation. Zuletzt noch ein turkmenisches „Duo": die beiden Melodiestimmen halten eine Art Zwiesprache, zu der eine Gitarrenstimme hinzugefügt wurde, die aber auch entfallen kann.

Omnis mundus iucundetur

(„Es freue sich alle Welt"; Weihnachtsweise; 14. Jhdt.)

Moderato

(Georg Philipp Telemann;
1681–1767)

Turkmenisches Duo

Spielstücke für Flöte, Klavier und Lieder

Das Glück

(Georg Philip Telemann; 1681–1767.
Generalbaßaussetzung: Cesar Bresgen)

Sehnsucht nach dem Frühling

(W. A. Mozart; 1756–1791)

Fröhlich

Schweizerlied

(Franz Schubert; 1797–1828)

2. In ä Garte bin i g'stande,
Ha de Imbli zugeschaut;
Hänt gebrummet, hänt gesummet,
Hänt Zelli gebaut.

3. Uf d' Wiese bin i gange
Lugt' i Summervögle a;
Hänt gesoge, hänt gefloge,
Gar zu schön hänt's gethan. (J. W. von Goethe)

Der Jäger in dem Walde

(Johannes Brahms; 1833–1897)

Zum Vergleich bringen wir die heute übliche Melodie in einem neuen Satz.

Der Jäger in dem grünen Wald

Jägerliedchen

(Robert Schumann; 1810–1956.
Aus op. 68,7 „Album für die Jugend".
Bearbeitung: Cesar Bresgen)

Zufriedenheit

(Joseph Haydn; 1732–1809)

Das Schlaraffenland

(Johannes Brahms; 1833–1897)

2. Im Haus ist eine Magd,
   Im Haus ist eine Magd,
   Das ist 'ne hübsche Schenkenmagd,
   Die bringt den Gästen was behagt .
   Die bringt den Gästen was behagt,
   Was einer immer fragt.

3. Die Magd steht an der Tür,
   Die Magd steht an der Tür,
   Die Magd steht an der Kammertür
   Und zieht die Kreiden nie herfür,
   Und zieht die Kreiden nie herfür,
   Umsonst kriegt jeder hier.

Die Melodie des nachfolgenden beliebten Holländischen Liedes beginnt wie das Brahms'sche Lied, nimmt aber dann einen anderen Verlauf.

Daar was e wuf, die spon

(„Da war ein Weib, das spann".
Bearbeitung: Cesar Bresgen)

Dazu der Text: (Übertragung Gottfried Wolters aus dem Holländischen)

1. ‖: Da saß ein Weib und spann :‖
an einem hölzern Spinnrad,
's war keine Spindel dran.
Vive la peperbusse, vive la spa,
tralalala, gise gase guse,
ron flon fluse, traderadera.

2. ‖: Die Haube ganz verdreht :‖
so wie in Hollands Mühleken,
wenn sie der Wind anweht.
Vive la peperbusse . . .

Donaulied

(Mily Balakireff; 1836/37–1910)

Deutsche Übertragung aus dem Russischen:

Donau, ich bitte dich, fließ nicht über,
überflute die Wiesen nicht, die frühlingsgrünen!
Tief in diesen Wiesen, so frisch und fröhlich
wandert ein Hirsch mit goldenem Geweih.

Der Kranich

(Pjotr Iljitsch Tschaikowsky; 1840–1893)

Deutsche Übertragung aus dem Russischen:

In einem Feld saß ein Kranich,
fraß den ganzen Tag des Bauers Korn.
So ein großer, langnasiger Kranich,
fraß das ganze Korn.
Ich werde diesen großen Kranich fangen
und ihn in ein Netz stecken,
dann kann er nicht fortfliegen
und frißt nicht mehr mein Korn.

O mein Entchen

(Pjotr Iljitsch Tschaikowsky; 1840–1893)

Deutsche Übertragung: O mein Entchen, liebes kleines Entchen, oh –
(wird mehrfach wiederholt)

Das Lied von Trubloff, der tapferen Maus

(Cesar Bresgen)

Trubloff ist eine arme Maus, welche bei herumziehenden Zigeunern das Balalaikaspiel erlernt hat und dadurch berühmt wird. Selbst die Katzen haben Respekt vor ihr.

Hommage a Juan R. . . (Sevilla)

(Cesar Bresgen)

Azuka Tuburu

(Widmung für A. T. aus Lagos/Nigeria.
Cesar Bresgen)

FÜTTERN
VERBOTEN

Hommage à Dimitri

(Widmung für D. Agrafiotis/Athen.
Cesar Bresgen)

Esik esö

(„Weißer Rabe"/ Gruß an Barna Kovats.
Cesar Bresgen)

Wiegenlied von den Fidji-Inseln

Aufzeichnung durch Cesar Bresgen: vorgesungen von B. V. Patekar (Benares, Indien), der das Lied auf den Fidji-Inseln 1978 gehört hat.

Baskisches Abendlied

Verzeichnisse

Inhalt nach Liedanfängen

A great Campmeeting (Negro Spiritual) 80
All mein gedenken (Lochamer Liederbuch) .. 80
Alphornruf (Schweiz) 9
Alte Dschunkenweise (China) 14
Altenglische Tanzweise 134
Andachtsjodler (Südtirol) 84
Andalusisches Wiegenlied 147
Andante (Béla Bartók) .... 94 + 95
Andulko (Böhmen) 106
A new Irish Tune (H. Purcell) 135
A new Scotch Tune (H. Purcell) 135
Anne Marieke (Holland) 138
Arirang (Korea) 16
Ausfahrt (Rußland) 56
Azuka Tuburu (Bresgen) 186

Bajuschki baju (Rußland) 57
Baskisches Abendlied 190
Baskisches Abschiedslied 66
Bei meines Buhlen Haupte (Deutschland) 42
Bella Ciao (Italien) 68
Bilaval (Indien) 36
Böhmischer Dudelsack 42
Böhmischer Tanz 121
Bourree (L. Mozart) 132
Bovi, bovi (Italien) 41

Campana (Spanien) 164
Camptown Races (USA) 34
Canto de los trilladores (Mallorca) 97
Castles in the air (Schottland) 65
Ce fut en mai (13. Jhdt.) 54
Charalambis (Griechenland) 150
Cho Aruana (Brasilien) 109
Chua-Ay (Philippinen) 11
Comin' thru the rye (Schottland/USA) 31
Contretanz „La fenite" (W. A. Mozart) 116

Daar was e wuf, die spon (Holland) 181
Das Glück (G. P. Telemann) 172
Das Lied von Trubloff, der tapferen Maus (Bresgen) ... 184
Das Schlaraffenland (J. Brahms) 180
Das Tor von Pukum (Tschechoslowakei) 137
Dat du min Leevsten büst (Deutschland) 78
Der Ausseer Postillon (Österreich) 85
Der Jäger in dem grünen Wald (Deutschland) . 175
Der Jäger in dem Walde (J. Brahms) 174
Der Kranich (P. I. Tschaikowsky) 182
Der Schnee zerrinnt (F. Schubert) 162
Der Wind (Bresgen) 64
Dhikr (Tunesien) 148
Die Feng-Yang-Trommel (China) 15
Die Moorsoldaten (Goguel) 68
Dobru noc (Tschechoslowakei) 95
Donaulied (M. Balakireff) 182
Du bist die Stille (R. Mey) 74
Du, du, dalkata Jagersbua (Kärnten) 85

Ecossaise (F. Schubert) 137
Ein anderer „Nacheinand" (Österreich) 166
Ein „Nacheinand" (Österreich) 166
Engel sangen Himmelslieder (Frankreich) 92
Erster Marsch für Philipp Emanuel (J. S. Bach) 123
Escondido (Argentinien) 111
Es ist ein Ros entsprungen 91
Es flog ein klein Waldvögelein (14. Jhdt.) 80
Esik esö (Bresgen) 189

Finnischer Rundtanz 25
Firmeza (Uruguay) 110
Französischer Tanz 40
Freundschaft (L. v. Beethoven) 160

Gavotte (G. P. Telemann) 126
Gebot der Kunst (J. Haydn) 159
Gigue (G. P. Telemann) 133
Go down Moses (USA) 77
Grauer Regen fiel zur Nacht oder Abgesang (R. Mey) ... 73
Greensleeves (England) 65
Griechische Klageweise 101
Griechischer Tanz 115
Gute Nacht-Lied (Guayana) 70

Halaytanz (Türkei) 108
Hevenu schalom (Israel) 67
Hey, ho, nobody at home (England) 158
Himematsu (Japan) 102
Hirtenweise (Bolivien) 19
Hirtenweise (Schweden) 9
Holländischer Schiffertanz 136
Hommage a Dimitri (Bresgen) 188
Hommage a Juan R. ... (Bresgen) 185
Hommage a Michail Ignatieff (Bresgen) 58

Ich fahr dahin (Lochamer Liederbuch) 59
Ich hab die Nacht geträumet (J. Brahms) 81
I got a shoes (USA) 28
In dem Mehlsack pfeift die Maus (Ungarn) ... 37
Isabel (Katalonien) 96

Jägerliedchen (R. Schumann) 176
Jodler aus der Steiermark 168
Jodler aus Lofer (Österreich) 167
Jodler aus Salzburg 84
Jodler aus Tirol 168
Joiken I/II (Lappland) 10
Joshua fit de battle ob Jericho (USA) 76
Juchezer (Oberbayern) 9

Karelischer Holzfällertanz (Finnland) 113
Katalanische Tanzweise 152
Kindertanz aus Alabama (USA) 26
Kleiner Fischer (Griechenland) 151
Kokoleoko (Liberia) 104
Kommt und laßt uns Christum ehren (Deutschland) 90
Koni Au I Ka Wai (Hawaii) 20
Kume, kum, geselle min (Deutschland) 59
Kyrie Clemens Rector (Choral) 145

La bergere rusée (Frankreich) 54
Laterne, Laterne (Deutschland) 8
Lento (Béla Bartók) 95
Lied an die Gottesmutter (Bulgarien) 148
Lied aus Agrafa (Griechenland) 47
Lied der Tellerwäscherin (Portugal) 55
Lucis Creator optime (Choral) 145

Madam, Madam (Kanada) 105
Maienzeit (Deutschland) 21
Many Thousands gone (USA) 61
Marika (Mazedonien) 153
Menuet di Melante (L. Mozart) 129
Menuett (G. P. Telemann) 86
Menuett des achtjährigen W. A. Mozart 130
Mich brennts in meinen Reiseschuhn (Bresgen) 79
Moderato (G. P. Telemann) 170
Moldau (Bresgen) 99
Mongolischer Tanz I/II 112
Mongolisches Abendlied 27
Mon Papa (Frankreich) 52
Morgenkanon (England) 159
Musette (J. S. Bach) 48
Musikanten sind in der Stadt (R. Mey) 72

Nach der sehnenden Klage (W. v. Rügen) 23
Nobody knows de trouble (USA) 32

O du stille Zeit (Bresgen) 82
O Haupt voll Blut und Wunden (Deutschland) 88
O mein Entchen (P. I. Tschaikowsky) 183
Omnis mundus iucundetur (14. Jhdt.) 169

Perdika (Korfu) 138
Pezinko (Brasilien) 111
Pinzgauer Landler (Österreich) 122
Poi ch'el mio foco (Gastoldi) 119
Promenade (M. Mussorgskij) 36

Regenlied (Uruguay) 8
Rumänische Weise 97
Rumänisches Tanzlied 114
Russische Tänze 44

Russische Zymbalweise 57

Santo, Santo (Schweiz) 146
Sapo Cururu (Brasilien) 104
Sarabande (G. F. Händel) 128
Schlaflied aus Island 70
Schützenmarsch aus Hall in Tirol 83
Schwabentanz (L. Mozart) 130
Schwedentanz I 120
Schwedentanz II 121
Schwedische Beerenpflückerweise 24
Schweizerlied (F. Schubert) 174
Schweizer Polka 115
Schwerttanz (Südostdeutschland) 106
Sehnsucht nach dem Frühling (W. A. Mozart) 173
Shakola Nyango (Kongo) 152
Shuddra Mallar (Indien) 36
Singet dem Herrn ein neues Lied (H. Schütz) . 87
Slowenische Hirtenweise 149
Sopeleweise aus Istrien (Jugoslawien) 102
St. Michaelslied (Deutschland) 87
Sudu, Sudu, Vadai (Indien) 11
Suha (Indien) 156
Sur le pont d'Avignon (Frankreich) 51
Swing low sweet chariot (USA) 30

Tanz aus Armenien 140
Tanz aus Aserbeidschan 154
Tanzkanon (L. Cherubini) 162
Tanzweise der Yaqui-Indianer (Mexiko) 18
Tha mi sgith (Hebriden) 22
The cock-fight (England) 60
The Gowans are gay (England) 12
The Salley Gardens (Irland) 63
This old man (England) 105
Three blind mice (England) 158
Tinodi Sebestyen (Ungarn) 154
Turkmenisches Duo 171

Ukrainischer Tanz 139
Und für mein Mädchen (R. Mey) 69

Voĉe Gosta de Mim (Brasilien) 110
Volkstanz aus Israel 141

Wiegenlied (Norwegen) 46
Wiegenlied von den Fidji-Inseln 189
What shall we do (England) 62

Xtoles (Mexiko) 10

Zufriedenheit (J. Haydn) 178
Zwiefacher aus Altbayern 117
Zwiefache aus dem Böhmerwald 142

Inhalt nach der Besetzung

1 Flöte allein
(meist Sopranblockflöte, aber auch Alt- oder Tenorblockflöte möglich)

Alphornruf (Schweiz) 9
Alte Dschunkenweise (China) 14
Andante (Béla Bartók) .... 94 + 95
Bilaval (Indien) 36
Dhikr (Tunesien) 148
Die Feng-Yang-Trommel (China) 15
Hirtenweise (Schweden) 9
Joiken I/II (Lappland) 10
Juchezer (Oberbayern) 9
Kyrie Clemens Rector (Choral) 145
Laterne, Laterne (Deutschland) 8
Lento (Béla Bartók) 95
Lucis Creator optime (Choral) 145
Nach der sehnenden Klage (W. v. Rügen) 23
Promenade (M. Mussorgskij) 36
Regenlied (Uruguay) 8
Santo, Santo (Schweiz) 146
Shuddra Mallar (Indien) 36
Suha (Indien) 156

2 Flöten allein

Der Schnee zerrinnt (F. Schubert) 162
Ein anderer „Nacheinand" (Österreich) 166
Ein „Nacheinand" (Österreich) 166
Jodler aus Tirol 168
Moderato (G. P. Telemann) 170
Omnis mundus iucundetur (14. Jhdt.) 169
Sopeleweise aus Istrien (Jugoslawien) 102
Tanzkanon (L. Cherubini) 162

3 Flöten allein

All mein gedenken (Lochamer Liederbuch) .. 80
Andachtsjodler (Südtirol) 84
Bei meines Buhlen Haupte (Deutschland) 42
Böhmischer Dudelsack 42
Böhmischer Tanz 121
Bovi, bovi (Italien) 41
Dat du min Leevsten büst (Deutschland) 78
Der Ausseer Postillon 85
Du, du, dalkata Jagersbua (Kärnten) 85
Es flog ein klein Waldvögelein (Deutschland) . 80
Finnischer Rundtanz 25
Französischer Tanz (3 gleiche Flöten) 40
Freundschaft (L. v. Beethoven) 160
Gebot der Kunst (J. Haydn) 159
Ich hab die Nacht geträumet (J. Brahms) 81
Jodler aus der Steiermark 168
Jodler aus Lofer (Österreich) 167
Jodler aus Salzburg 84
Menuett (G. P. Telemann) 86
Mongolisches Abendlied 27
Morgenkanon (3 gleiche Flöten) (England) .. 159
Russische Tänze 44
Schützenmarsch aus Hall in Tirol 83
Schwedentanz II 121
Schwedische Beerenpflückerweise 24

4 Flöten allein

Engel sangen Himmelslieder (Frankreich) 92
Es ist ein Ros entsprungen 91
Hey, ho, nobody at home (England) 158
Kommt und laßt uns Christum ehren (Triller) 90
Mich brennts in meinen Reiseschuhn (Bresgen) 79
O du stille Zeit (Bresgen) 82
O Haupt voll Blut und Wunden (Haßler) 88
Singet dem Herrn ein neues Lied (H. Schütz) . 87
St. Michaelslied (Deutschland) 87
Three blind mice (England) 158

1 Flöte und Gitarre

Altenglische Tanzweise 134
Andalusisches Wiegenlied 147
Andulko (Böhmen) 106
A new Irish Tune (H. Purcell) 135
A new Scotch Tune (H. Purcell) 135
Arirang (Korea) 16
Azuka Tuburu (Bresgen) 186
Baskisches Abendlied 190
Baskisches Abschiedslied 66
Bella Ciao (Italien) 68
Campana (Spanien) 164
Canto de los trilladores (Mallorca) 97
Castles in the air (Schottland) 65
Charalambis (Griechenland) 150
Cho Arauna (Brasilien) 109
Chua-Ay (Philippinen) 11
Der Wind (Bresgen) 64
Die Moorsoldaten (Goguel) 68
Du bist die Stille (R. Mey) 74
Escondido (Argentinien) 111
Esik esö (Bresgen) 189
Firmeza (Uruguay) 110
Grauer Regen fiel zur Nacht (R. Mey) 73
Greensleeves (England) 65
Griechischer Tanz 115
Gute Nacht-Lied (Guayana) 70
Halaytanz (Türkei) 108
Hevenu schalom (Israel) 67
Himematsu (Japan) 102
Hommage a Dimitri (Bresgen) 188
Hommage a Juan R. . . . (Bresgen) 185
In dem Mehlsack pfeift die Maus (Ungarn) ... 37
Katalanische Tanzweise 152
Kleiner Fischer (Griechenland) 151
Kokoleoko (Liberia) 104

Kume, kum, geselle min (Deutschland) 59
Lied an die Gottesmutter (Bulgarien) 148
Madam, Madam (Kanada) 105
Marika (Mazedonien) 153
Mongolischer Tanz I/II 112
Musikanten sind in der Stadt (R. Mey) 72
Pezinko (Brasilien) 111
Rumänische Weise 97
Sapo Cururu (Brasilien) 104
Schlaflied aus Island 70
Schwerttanz (Südostdeutschland) 106
Shakola Nyango (Kongo) 152
Sudu, Sudu, Vadai (Indien) 11
Tanz aus Aserbeidschan 154
Tanzweise der Yaqui-Indianer (Mexiko) 18
Tinodi Sebestyen (Ungarn) 154
Und für mein Mädchen (R. Mey) 69
Voĉe Gosta de Mim (Brasilien) 110
Wiegenlied von den Fidji-Inseln 189
Xtoles (Mexiko) 10
Zwiefache aus Altbayern 117

2 Flöten und Gitarre

Contretanz „La fenite“ (W. A. Mozart) 116
Karelischer Holzfällertanz (Finnland) 113
Rumänisches Tanzlied 114
Schweizer Polka 115
This old man (England) 105
Turkmenisches Duo 171

3 Flöten und Gitarre

I got a shoes (USA) 28
Kindertanz aus Alabama (USA) 26
Poi ch'el mio foco (Gastoldi) 119
Pinzgauer Landler (Österreich) 122
Schwedentanz I 120

1 Flöte und Klavier

A great Campmeeting (USA) 75
Anne Marieke (Holland) 138
Ausfahrt (Rußland) 56
Bajuschki baju (Rußland) 57
Bourrée (L. Mozart) 132
Camptown Races (USA) 34
Ce fut en mai (Moniot d'Arras) 54
Comin' thru the rye (Schottland) 31
Daar was e wuf, die spon (Holland) 181
Das Glück (G. P. Telemann) 172
Das Lied von Trubloff (Bresgen) 184
Das Schlaraffenland (J. Brahms) 180
Das Tor von Putim (Tschechoslowakei) 137
Der Jäger in dem grünen Wald (Deutschl.) 175
Der Jäger in dem Walde (J. Brahms) 174
Der Kranich (P. I. Tschaikowsky) 182
Dobru noc (Tschechoslowakei) 95
Donaulied (M. Balakireff) 182
Ecossaise (F. Schubert) 137
Erster Marsch für Philipp Emanuel (J. S. Bach) 123
Gigue (G. P. Telemann) 133
Go down Moses (USA) 77
Griechische Klageweise 101
Hirtenweise (Bolivien) 19
Holländischer Schiffertanz 136
Hommage a Michail Ignatieff (Bresgen) 58
Ich fahr dahin (Deutschland) 59
Isabel (Katalonien) 96
Joshua fit de battle ob Jericho (USA) 76
Koni Au I Ka Wai (Hawaii) 20
La bergère rusée (Frankreich) 54
Lied aus Agrafa (Griechenland) 47
Lied der Tellerwäscherin (Portugal) 55
Maienzeit (Deutschland) 21
Many Thousands gone (USA) 61
Menuet di Melante (L. Mozart) 129
Menuett des achtjährigen W. A. Mozart 130
Moldau (Bresgen) 99
Mon Papa (Frankreich) 52
Musette (J. S. Bach) 48
Nobody knows de trouble (USA) 32
O mein Entchen (P. I. Tschaikowsky) 183
Perdika (Korfu) 138
Russische Zymbalweise 57
Sarabande (G. F. Händel) 128
Schwabentanz (L. Mozart) 130
Schweizerlied (F. Schubert) 174
Sehnsucht nach dem Frühling (W. A. Mozart) 173
Slowenische Hirtenweise 149
Sur le pont d'Avignon (Frankreich) 51
Swing low sweet chariot (USA) 30
Tanz aus Armenien 140
Tha mi sgith (Hebriden) 22
The cock-fight (England) 60
The Gowans are gay (England) 12
The Salley Gardens (Irland) 63
Ukrainischer Tanz 139
Volkstanz aus Israel 141
Wiegenlied (Norwegen) 46
What shall we do (England) 62
Zufriedenheit (J. Haydn) 178
Zwiefache aus dem Böhmerwald 142

2 Flöten und Klavier

Gavotte (G. P. Telemann) 126
Jägerliedchen (R. Schumann) 176

ohne Noten!
Peter Bursch's
Gitarrenbuch
mit populären Liedbeispielen aus:
Folk, Rock, Blues & Rag
von kinderleicht bis ganz schön schwierig.
mit Platte
Voggenreiter-Verlag

ohne Noten!
Peter Bursch's
Gitarren Buch 2
Mit 40 populären Liedbeispielen aus:
Folk, Rock, Blues & Rag
Von halb so schlimm bis ganz schön stark
mit 2 Platten
Voggenreiter-Verlag

Kaarel Siniveer
Schlapphut
Volkslied-Allerley für Gitarre
Tabulaturen Noten Spielanleitung
55 deutsche Volkslieder aus sechs Jahrhunderten
VOGGENREITER VERLAG

Mit allen Informationen für die Gitarre!
Peter Bursch
Das Folk-Buch
Das hat mir noch gefehlt!
Über 100 der besten Songs.
zum Sofortsingen
Für fast jeden Song seine Geschichte.
Das isses.
Mit den richtigen Griffen und Tabulaturen für jeden Song.
Voggenreiter-Verlag